20の表現ツールでゼロから書ける！

どんどん
英語ライティング

花田七星｜竹本晃

幻戯書房

自由英作文を書くために
「論点整理」の5つのステップと20の表現ツール

　与えられたテーマ＝トピックについて、自分の意見を自由に、英語で記述することを「自由英作文」といいます。「自由英作文」は、例えば、英検®［実用英語技能検定試験］の一次試験で出題されます。あるテーマ＝トピックが問題として課され、それに対して与えられた語数（2級:80語〜100語、準1級:120語〜150語、1級:200語〜240語）制限の中で、自分の意見をまとめて述べることが求められます。

　英検®で課される「自由英作文」の問題を実際に考えてみましょう。

　「高校に制服は必要か否か」といった問題が出されたとしたら、みなさん、どのように、自分の意見を英語で記述しますか？　何から始めたらよいのでしょうか？

　まず、一番最初に行うべきことは何でしょうか？　それは「論点整理」です。「論点整理」をしっかり行うこと、この作業が自由英作文の課題に取り組むときに、たいへん重要な第一歩となります。思いついたことからいきなり回答を書きはじめることはやめましょう。

「論点整理」を5つのステップで進めよう

　次の5つのステップに沿って論点整理の作業を進めていけば、大変そうに思えた「自由英作文」も上手くまとめることができます。

ステップ1 設問の意味を理解する
Yes / No, I agree / I disagree, I think that で答える問題かどうかを見極める

ステップ2 自分の立場（意見）を考える
「回答の核」（"Thesis statement" といいます）を考えます。このときに、自分の立場（意見）が、Yes / No, Agree / Disagree の向きと反対になっていないことを確認する

ステップ3 概要、概略、要点をまとめた「アウトライン」を書く

ステップ4 段落（パラグラフ）を書く

ステップ5 見直しをする

1から5の順番にステップを踏んで考えていきましょう。特に、ステップ3の「アウトライン」を作成することが、自由英作文を記述する上で最も重要になります。しっかりとしたアウトラインがないまま書き始めてしまうと、筋が通らない文章構成となり、たとえ語数を満たしていても、厳しい評価を受ける可能性が高くなってしまうからです。

　それでは、1つ1つ順を追って、その手順を確認していきましょう。

ステップ1 設問の意味を理解する

　「高校に制服は必要か否か」というテーマ＝トピックについて問われる場合でも、その尋ねられ方、質問表現も次のように様々です。

★ Do you think that Japanese high schools should get rid of school uniforms?

● Some people say that we should get rid of school uniforms. Do you agree with this opinion?

▲ Some people say that school uniforms have more merits than demerits. What do you think about that?

　様々な尋ねられ方があるように、それに対する答え方、回答の仕方も当然異なります。

★ **Do you think** …? は **Yes / No**

● Some people say that we should get rid of school uniforms. **Do you agree** …? は **I agree. / I disagree.**

▲ Some people say that school uniforms have more merits than demerits. **What do you think about that?** は **I think that …** または、**I agree. / I disagree.**

　★ の場合は Yes, I do. / No, I do not. とシンプルに回答できます。

　または Yes. I think that… / No. I don't think … と Yes / No と答えた後に主張・意見を述べていくこともできますし、いっそうのこと I think that … / I don't think that… から答えることも可能です。

　このように、設問での尋ねられ方によって、その答え方も異なるので、まずは設問の内容をしっかり理解することが重要です。

ステップ2 自分の立場を考える

　次に、問われた設問に対して、自分の立場を考えてみます。これがあなたの「回答の核」

("Thesis statement")となるものです。

　この設問課題は単純に英語力を測るテストであると考えてよいため、極端にいえば、あなたが本当に信じていることを書かなくてもよいわけです。つまり、英語として書きやすいあなたの立場、自分の意見を出しやすいと思う立場で自分の考えを書いてみるのがいいでしょう。

　例えば ●Some people say that we should get rid of school uniforms. Do you agree with this opinion? を使って考えてみましょう。「制服を廃止することに賛成ですか」という問題ですね。

　「制服を廃止することに賛成ですか」という問いかけなので、制服のメリット（＝制服廃止に反対）／制服のデメリット（＝制服廃止に賛成）を考えることは、この「制服を廃止すべきです」という意見に対して、反対と賛成の立場を表明することになりますね。では、ここで賛成／反対の立場になって、その理由を一緒に考えてみましょう。今回は次のように、いくつか列挙してみました。

制服のメリット（廃止に反対）	制服のデメリット（廃止に賛成）
着るものを毎日選ばなくていい	高価である
団結力が高まる	快適に過ごせない
平等のため、いじめ抑止になる	不衛生である

例 制服のメリット――「廃止に反対」の立場の場合

・着るものを毎日選ばなくていい

　➡Students do not have to choose what to wear every day.

・団結力が高まる

　➡Students can enhance their unity.

・着ているものが平等であることはいじめ抑止になる

　➡Students can prevent bullying because uniforms create a sense of equality.

例 制服のデメリット――「廃止に賛成」の立場の場合

・高価である

　➡Uniforms are expensive.

・快適に過ごせない

　➡Uniforms are uncomfortable.

・不衛生である

　➡Uniforms are unclean.

　このような意見や考えが出てくるかと思います。Yes か No かどちらか1つを選び、書きや

すい方を選んで自分の立場とします。廃止に賛成ならば、この設問の意見に賛成という立場を、そして廃止に反対ならば、この設問の意見に反対という立場で、それぞれ展開していきます。

ステップ3 概要、概略、要点をまとめた「アウトライン」を書く

次は、アウトラインです。アウトラインを考えるときは、自分が考えたポイント（今回は「高価である」、「寒い・暑い」、「動きにくい」）が、それをテーマとして1段落[パラグラフ]書くことができるテーマなのか、それとも、もっと大きなテーマがあって、自分の考えたポイントがその具体例や補足説明になっているのか、それを考えてみるとよいでしょう。

テーマとして1段落を書くことができる場合、それが**トピックセンテンス**[Topic Sentence：その段落の要点]となります。そしてその後に、トピックセンテンスの「主張・意見」を補足説明する理由や説明、例、事実を続けて書いていきます。自分が考えだした複数のアイデアをまとめるもっと大きなテーマがある場合、その意見や考え、理由は**サポートセンテンス**[Support Sentence：補足説明]で、もっと大きなテーマの方がトピックセンテンスということになります。例えば、「寒い・暑い」「動きにくい」ために、学生が快適に過ごせない、という場合、「学生が快適に過ごせない」のがトピックセンテンスとなり、このトピックセンテンスを補足説明する「寒い・暑い」「動きにくい」がサポートセンテンス[補足説明]となります。

したがって、「廃止」に賛成の立場でまとめると、トピックセンテンスは、【価格が高い ▶Uniforms are expensive.】と【学生が快適に過ごせない ▶It is hard for students to be comfortable in uniforms.】となります。

では次に、サポートセンテンスを考えます。先ほどのトピックセンテンスを補足説明する内容ですから、サポートセンテンス[補足説明]としては、理由、説明、例、事実などを述べるとよいでしょう。

トピックセンテンス❶——【制服は高価だ】

◉その理由は何でしょう?

・3年間使うことができる素材で作られています。 理由1

▶Uniforms are made with materials that last for three years.

・制服を作る会社の競争があまりありません。 理由2

▶There is not much competition among companies that make school uniforms.

◉制服の価格の高さにまつわる事実は何でしょう?

・制服一式を入学と同時に買わなければいけません。 事実

▶A complete set of uniforms must be purchased at the time of enrollment.

◉制服の価格の高さの例は何でしょう?

・ブランドの制服を採用している学校では上下セットで10万円もすることがあります。 事例

・親がブランド物の制服に10万円も払わなくてはいけないこともある。 事例

　➡ Parents sometimes have to pay as much as 100,000 yen for a brand-name uniform.

　指定の文字数に応じて、理由、説明、例、事実などで使用するサポートセンテンスを、いくつ使用するか(2つまたは3つ程度)を考えましょう。100語程度でまとめる場合は、2つのサポートセンテンスが適量でしょう。

ステップ4 段落(パラグラフ)を書く

　では、2つ目のトピックセンテンスについても、その補足説明となるサポートセンテンスを考えてみましょう。

トピックセンテンス❷──【学生が快適に過ごせない】

◉その理由は何でしょう?

・季節の変わり目に寒かったり、暑かったりする。また、女子はスカートと指定されているところが多く、スカートでは走りづらい。

　➡ Uniforms can be cold or hot at the turn of seasons. Also, many schools only allow skirts for girls, but they find it difficult to run in them.

　ここでは、サポートセンテンスは理由、説明、例、事実のうち、その理由を述べることでトピックセンテンス[その段落の要点]を補足説明しています。

　では、ここまでをまとめてみます。アウトラインの作成です。

Thesis statement: I agree with the idea that we should get rid of school uniforms.

理由1

◉トピックセンテンス[その段落の要点]

・制服は高価だ

◉サポートセンテンス[補足説明]
　・3年間[6年間]使えるような素材で作られている。
　・また制服を作る会社の競争があまりない。

理由2
◉トピックセンテンス[その段落の要点]
　・学生が快適に過ごせない
◉サポートセンテンス[補足説明]
　・季節の変わり目に寒かったり、暑かったりする。
　・女子はスカート、と指定されているところが多いが、スカートでは走ったりしづらい。

結論：ここでは回答の核[Thesis statement]をもう一度述べます。

ステップ5　見直しをする

　上のようにアウトラインが固まってきたら、いよいよ書きだしていきます。ここで気をつけたいことは、1つ1つの段落[パラグラフ]で、トピックセンテンスの内容から逸れていないかどうかを点検、確認しながら書き進めていきましょう。

　では、設問は「制服は必要か否か」ということでした。

Some people say that we should get rid of school uniforms. Do you agree with this idea?

まとめてみると、以下のようになります。

　Yes, I do. First of all, uniforms are expensive. They are expensive because they are made with materials that last for three years. Plus, there is not much competition among companies that make school uniforms.
　Second, they are uncomfortable. Uniforms can be cold or hot at the turn of seasons. Also, many schools only allow skirts for girls, but they find it difficult to run in them.
　For these reasons, I believe that we should get rid of school uniforms.

　はい、そう思います。まず、制服は値段が高いです。制服が高価なのは、3年間使える素材で作られているためです。さらに、学校の制服を作る企業の間では、それほど競争がないためです。

　2つ目の理由は、制服はあまり着心地がよくないことです。制服を着ていると、季節の変わり目に、寒くまたは暑く感じたりします。また、女子はスカートと指定する学校が多く、（彼らは）スカートでは走りづらいと思っています。

　こういった理由から、私は学校の制服をなくすべきだと考えています。

　上記の解答例は80語と、英検®2級相当の語数ですが、トピックセンテンス［主張・意見］やサポートセンテンス［補足説明］を増減させたり、本書で取り上げる「**20の表現ツール**」を身につけて、全体の語数を増やしたり減らしたりすることができます。

自分の立場・意見を述べる　　　主張・意見　　　補足説明

ステップ1 から **ステップ5** にいたる英作文の構造

　以下に示す英文は、これから紹介する「**20の表現ツール**」を用いた解答例ですが、上記の手順に加えて「**20の表現ツール**」を使いこなせば、このような盛りだくさんの英作文を書くことができるようになります。本書の**第1部「20の表現ツールを覚えよう！──ライティング表現学習編」**で様々な表現方法を学習することで、ボリュームのある、そして以下のように表現豊かで洗練された英文で、自分の考えや主張を展開していくことが可能になります。ちなみに、下線部太字の表現が、この後本書で学習していく「**20の表現ツール**」の一部になります。

　Yes, I do. <u>First of all,</u> uniforms are expensive. <u>One of the reasons</u> parents often find uniforms too expensive is that they are asked to purchase a complete set of uniforms at enrollment. <u>Plus,</u> there is not much competition among companies that make school uniforms. <u>In other words,</u> they do not have to compete with each other over potential buyers, <u>resulting</u> in the absence of a price war.

<u>Second,</u> they are uncomfortable. Uniforms can be cold or hot at the turn of seasons. This uncomfortableness can <u>lead to a decrease in</u> students' motivation to study. <u>Also,</u> many schools only allows skirts for girls, but they <u>find it difficult to run in them. In the past,</u> this posed little problem. However, as the discussion of gender identity has become a regular topic at the dinner table as well as in schools, such an issue should not be ignored. <u>Schools, places where students' rights should be protected and where students are encouraged to express themselves,</u> should be the leader in this matter.

<u>For these reasons,</u> I believe that schools should get rid of uniforms for their students.

日本語訳

　はい、そう思います。まず、制服は値段が高いです。親が、しばしば制服が高価に感じる理由の1つは、入学時に制服一式フルセットを購入するように求められるからです。さらに、学校の制服を作る企業間では、それほど競争がありません。言い換えれば、彼らは新規の見込みのある購入者をめぐって、互いに競合する必要がなく、その結果、価格競争が起こらないのです。

　2つ目に、制服はあまり着心地がよくありません。制服を着ていると、季節の変わり目に、寒くまたは暑く感じたりします。この着心地の悪さが、生徒の学習意欲を低下させることにつながります。また、女子はスカートのみと指定する学校が多く、(彼らは)スカートでは走りづらく思っています。以前は、このことはほとんど問題になりませんでした。しかし、学校だけでなく、食卓でも性自認が話題に上るようになった今、このような問題を無視するわけにはいきません。学校は、生徒の権利が守られ、自己表現が奨励される場であり、この問題のリーダーであるべきです。

　以上の理由から、私は学校から生徒の制服をなくすべきだと考えています。

自由英作文を楽にする「20の表現ツール」

ここまでは、自由英作文の問題に対して、どの順番で何をやるべきかについて説明してきました。

5つのステップのうち「**ステップ4** 段落（パラグラフ）を書く」のところで、次のようなスキルが求められることに気づかれたでしょうか。自由英作文を書くためには、大きく分けて3つのスキルが求められていることがわかると思います。

> ❶ 文章を論理的に展開していくための表現を適切に用いる。
> ❷ ある程度まとまった内容のある、詳しい文を書けるようにする。
> ❸ 比較や例示のように、論述に便利な文章形式を習得する。

本書では、この3つのスキルを身につけるため、**第1部「20の表現ツールを覚えよう！——ライティング表現学習編」**では、自由英作文で自分の考えや意見、主張を効果的に展開していくために必要な様々な表現法を徹底的に学習します。そして**第2部「20の表現ツールを試してみよう！——ライティング実践編」**では、第1部で学習した表現法を実際に試す演習問題を設けました。英作文を完成する上で、「20の表現ツール」をマスターすると、次のように、この3つのスキルをすべておさえられるようになっています。

❶ 文章を論理的に組み立てるための部品を適切に用いる

- **表現ツール1** 「〜させる」は have, let, make
- **表現ツール2** 「〜できる」は can / be able to だけじゃない
- **表現ツール3** 「影響」は influence と affect で述べる
- **表現ツール10** 可能性・傾向を述べるのに便利な likely
- **表現ツール16** 言い換えをするにはこの4つ
- **表現ツール20** 例を挙げるのは、exemple だけじゃない

❷ ある程度まとまった内容のある、詳しい文を書けるようにする

- **表現ツール12** 関係詞 which, who, when, where を使って名詞を説明しよう
- **表現ツール13** 結論を述べる In conculsion と他の表現
- **表現ツール14** 原因と結果を表す6つの表現

❸ 比較や例示のように、論述に便利な文章形式をストックする

- **表現ツール4** 「主語」が状況を変化させる make
- **表現ツール5** 「増減」を述べるには increase / decrease か more / fewer

❸比較や例示のように、論述に便利な文章形式をストックする

本書の構成と使い方
3つのステップでライティングをマスターしよう！

本書の構成

はじめに 自由英作文を書くために 「論点整理」の5つのステップと20の表現ツール

↓

ステップ1 第1部 20の表現ツールを覚えよう！——ライティング表現学習編

↓

ステップ2 第2部 20の表現ツールを試してみよう！——ライティング実践編

↓

ステップ3 「20の表現ツール」——例文277選

「はじめに」では、「自由英作文」とは何か、どのように展開すればいいのか、について学習してきました。ここからは、本書の使い方について見ていきます。

ステップ1 書いて、読んで「20の表現ツール」を覚えよう！

英語表現の学習から始めます。**第1部「20の表現ツールを覚えよう！——ライティング表現学習編」**では、英文法を体系化して学習するのではなく、あくまでも自由英作文の中で自分の考えや意見、主張を効果的に展開していくために有効活用できる様々な表現を厳選し、「20の表現ツール」としてまとめています。それぞれの表現ツールごとに、その使い方やルール[語法]を複数の例文と共にまとめています。まずは、解説をじっくり読んで、1つ1つの表現法に対する理解を深めましょう。そして、各表現ツールの解説の最後には、「演習」が用意されています。独力で、あるいは友人や先生と一緒に学習した表現ツールの理解度を確認してください。「演習」の中で、和文英訳問題では主に社会派の内容で構成しています。そのため、語群も用意しています。和文英訳に取り組む際は語群も活用してください。そして、表現力の確認と合わせ、語彙の知識も高めていきましょう。

ステップ2 実際に「表現ツール」を使って表現してみよう!

　今度は実践です。**第2部「20の表現ツールを試してみよう!──ライティング実践編」**では、「**はじめに**」で学習した論点整理を実際に行いながら、第1部で学習した表現ツールを使って、英文を書いていきます。トピックには、「**Case 1　アルバイト**」、「**Case 2　ボランティア**」、「**Case 3 科学技術**」、「**Case 4　大企業**」、「**Case 5　田舎 vs. 都会**」といった社会派の質問を5つ採用しています。社会派の質問は、検定試験等で出題される自由英作文の問題では必須ですので、まずは普段から自分の考えや意見、主張を日本語でよいので展開できるようにしておきたいところです。そして、各Caseの最後には、まとめとして模範回答が用意されています。用いた表現ツールには下線部が引かれていますので、その内容を確認したら、最後は音読練習も行うことを推奨します。

ステップ3 サイトラ学習法で「20の表現ツール」を完全マスターしよう!

　そして、さらに巻末には、第1部で学んだ **表現ツール1** から **表現ツール20** を用いた例文として、「**「20の表現ツール」──例文277選**」を用意しました。自由英作文に取り組む際、これらの表現が正しく使えるようこの例文をフル活用して学習してください。

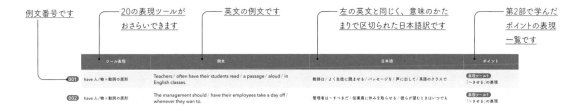

　この例文集の活用法について説明します。ここで挑戦していただきたい学習法は、サイトラ学習法です。サイトラとは「サイトトランスレーション[sight translation]」の略語です。サイトトランスレーションとは、英文を「チャンク」と呼ばれる意味のかたまりごとに区切り、前から訳していくトレーニングの方法のことを指します。これを実践していただくため、英文、日本文ともに意味のかたまりごとにスラッシュ「/」を記し、区切りを設けています。日本語訳を意識した、いわゆる「戻り読み」をするのではなく、英語の語順に沿って意味を捉えていきましょう。その作業を一通り終えたら、次は音読です。繰り返し音読を行ってください。**001** から **277** の例文は、「**どんどん英語ライティング　例文聞き流し動画ツール**」の音声サービスで聞き流しができます(「**どんどん英語ライティング　例文聞き流し動画ツール**」の使い方については、16ページをご覧ください)。繰り返し音声を流しながら音読することで、英作文のキーセンテンスとなる「20の表現ツール」の例文をどんどん身につけることができます!　すきま時間に、通学中にも耳から学習できますので、繰り返しどんどん聞き流して活用してください。実際に声に出して音読しながらリズムに乗って、語順や様々な表現を体で覚えましょう。

第2部
20の表現ツールを試してみよう!
ライティング実践編

「20の表現ツール」
例文277選

「どんどん英語ライティング 例文聞き流し動画ツール」の使い方

「どんどん英語ライティング 例文聞き流し動画ツール」は以下の4つのYouTube動画で音声配信をしています（「「20の表現ツール」——例文277選」の **001** から **277** まで、四分割で聞くことができます）。

例文277選の **001** から **277** まで、例文（日本語）に続けて英文が音声で流れる動画です。

どんどん英語ライティング 例文聞き流し動画ツール01〜05

動画（音声）画面の下には、右の目次（チャプター）が設けられています。目次（チャプター）は、「動画（音声）の開始時間」＋「音声開始の例文〜終わりの例文」の区切りを表示しています。

聞きたい例文番号が含まれている目次の時間をタップ／クリックすると、例文の動画再生時間のタイミング近くにジャンプすることができます（チャプターのサムネイルからもジャンプすることができます）。

「どんどん英語ライティング　例文聞き流し動画ツール」は、それぞれ以下のQRコードからアクセスできます。

どんどん英語ライティング
例文聞き流し動画ツール01〜05
――例文 001 〜 071

どんどん英語ライティング
例文聞き流し動画ツール06〜10
――例文 073 〜 113

どんどん英語ライティング
例文聞き流し動画ツール11〜15
――例文 114 〜 213

どんどん英語ライティング
例文聞き流し動画ツール16〜20
――例文 214 〜 277

20の表現ツールを覚えよう！
——ライティング表現学習編

「～させる」は have, let, make

　「使役動詞」という言葉を耳にすると、「～させる」や「～してもらう」といった日本語を思い浮かべる人が多いのではないでしょうか。基本的には、それで大丈夫です。使役動詞と呼ばれるものには、大きく分けて、have, let, make があり、それぞれ、その使い方、意味に差異があります。今回は、この使役動詞の「使役動詞 人/物＋動詞の原形」について理解を深め、使えるようにしていきます。

❶ have 人 / 物＋動詞の原形

先生は生徒に授業中、様々な課題に取り組ませます。

これを、have を使って英訳すると、

Teachers have their students work on various assignments in class.

となります。

　have には、多少、ビジネスぽいニュアンスがあり、当事者間の関係や、その状況から「やってもらうのは当然だ」という事情を明示することができます。また、このあと紹介する let や make と比較すると、中立的な役割も果たすことが多いのも特徴です。この場面では、先生が生徒に、という関係です。先生が学生たちに課題に取り組ませることは「必然」です。

❷ let 人 / 物＋動詞の原形

次は let です。

Let me introduce myself.
自己紹介させてください。

どこかで聞いたり、実際に言ってみたりしたこと、ありませんか。この表現では、動詞から始まる文であるため、その主語の相手（You）は省かれていますが、この相手（You）に対して、自己紹介させてほしいと許可を求めている場面になります。

例えば、

多くの学校は、社会技能を高めるため生徒にアルバイトをさせています。

今度は、many schools を文の主語にして文を作ってみましょう。work part-time で「アルバイトをする」、接続詞の so that は「（そうすることで）〜できるように」という意味で用いられ、目的を示すことができます。

Many schools let their students work part-time so that they can develop their social skills.

このように、let は「許すこと」や「ゆずること」を示す動詞です。「allow [permit] 人 to 動詞の原形」が、その言い換え（⇒ Many schools allow their students to work part-time so that they can develop their social skills.）になります。

❸ make 人 / 物 ＋ 動詞の原形

そして最後が make です。以下の文を make を使って表現してみましょう。

子供の意に反して、子供を塾に通わせる親もいます。

「〜する親もいる」は、不特定多数の親のことを指していますね。いわゆる「いく人かの親」と言い換えて考えます。「意に反して」は against someone's will、「塾」は a cram school を使うと以下のようになります。

Some parents make their children go to a cram school against their will.

この中で make が一番意味の強い「使役動詞」で、「force 人 to 動詞の原形」に言い換える

(⇒ Some parents force their children to go to a cram school against their will.) ことができます。また、これが受動態の文になると、「〜させられる」にあたる動詞は、原形から不定詞 ＜to 動詞の原形＞へと形が変わります。今回の場合、「塾に行かされる」の部分が to go となり、受動態の文に書き換えると以下のようになります。

Some children are made to go to a cram school against their will (by their parents).

使役動詞の make は一般的に「強制力が強い」と言われますが、それはつまり、その動きや流れに逆らうことができない、という点にあります。

❹ get＋人 / 物＋to 動詞の原形

最後に番外編です。みなさんがよく知っている get ですが、実は「使役」の意味を表すことができます。ただし、＜ get ＋人/物＋to 動詞の原形＞の形になることに注意が必要です。では、以下の文を、この get を使って表現してみましょう。例えば、

若者の中には、（親の反対を押し切って）留学をするために、親に必死に訴え、申請書に承諾をもらう人もいます。

ここも先ほどと同じく「若者の中には〜の人もいます」は、不特定数の若者のことを指していますね。いわゆる「いく人かの若者」と言い換えて考えます。「承認をもらう」は「申請書にサインをもらう」と言い換えて考えます。

Some young people get their parents to sign the application form to study abroad.

このように、使役動詞 get を用いると、人を説得して、納得させた上で「人に〜してもらう」という意味になり、「persuade 人 to 動詞の原形」に言い換える（⇒ Some young people persuade their parents to sign the application form to study abroad.）ことができます。

演習 使役動詞「〜させる」は＿＿＿＿＿＿？

1. 次の日本文に合うように、空欄に適切な語を入れ英文を完成させなさい。

❶（私たちは）政府に環境政策を変えさせるべきです。
We should ＿＿＿＿＿＿＿＿＿＿ the government change some environmental policies.

❷子供のやってみたいことをなんでもさせる親もいるようです。
Some parents seem to ＿＿＿＿＿＿＿＿＿＿ their children do whatever they want to try.

❸医師の診察を受けるまで3時間待たされました。
I was ＿＿＿＿＿＿＿＿＿＿ to wait three hours before I was examined by a doctor.

❹歩くことができない人は車椅子を使って、行きたいところへ行きます。
Those who cannot walk can use a wheelchair and ＿＿＿＿＿＿＿＿＿＿ it take them to where they want to go.

2. 空欄に have, let, make のいずれかを入れて文を完成させない。

　Many schools in Japan have been trying to encourage their students to become more independent. For example, in social studies, some teachers do not give their students any specific worksheet, but instead, they （ ① ） their students work in pairs or in groups, discuss something and share their ideas in class.

　They （ ② ） their students even go outside of the classroom to gather necessary information on a given topic if they wish to do so. Some students feel reluctant to work individually, but these small-group activities help （ ③ ） those types of students participate actively. In this way, the class is more productive and successful for both students and teachers.

① ＿＿＿＿＿＿＿＿＿　② ＿＿＿＿＿＿＿＿＿　③ ＿＿＿＿＿＿＿＿＿

表現ツール2

「〜できる」は can / be able to だけじゃない

　「〜できる」という言葉を耳にすると、すぐ頭に思い浮かぶ表現は、助動詞の can や「be able to 動詞の原形」を使った表現ではないでしょうか。しかし実際には、この他にも「〜できる」を表せる方法があります。今回は、論述でよく使う様々な「〜できる」の表現を見ていきましょう。

　インターネットのおかげで、情報を瞬時に得ることができます。

　では、上記の文を英語にしてみましょう。「〜できる」が文に含まれていますね。

❶ 助動詞can / be able to 動詞の原形

　「〜できる」の定番表現。まず、英語にするときは、必ず主語と動詞が何なのかをまず考える必要があります。助動詞 can を使って英訳する場合、文の主語は、「私たち」や「あなた」などが考えられます。ですが、この「私たち」「あなた」は、上述の日本語では表現されていませんね。実は、日本語では、このように主語が省略されることが多く、このギャップが英文を書く際にトラブルを引き起こすことがありますので、注意が必要です。

　そして省略された主語を補うと、動詞は「得ることができます」、つまり can [be able to] get / obtain などが使えそうです。そして得る内容が「情報」information です。「瞬時に」は副詞の quickly などを使って添えます。最後に「インターネットのおかげで」は前置詞句「thanks to 名詞」を使って、thanks to the Internet とします。すべてをつなげると、We can [We are able to] get [obtain] information quickly thanks to the Internet. となります。

　また、助動詞 can は使うことができず、「be able to 動詞の原形」を使わなければならないケースもあります。3つのケースをそれぞれ確認しておきましょう。

You will be able to learn new vocabulary easily with this textbook.
この教科書を使えば、簡単に新しい語彙を習得することができるでしょう。

➡ 助動詞を2つ並べて、will can learn と表現することはできません。これから先の未来の話の中では、「will be able to 動詞の原形」で表現します。

I hope to be able to speak English better.
私は、英語をもっと上手に話せるようになりたいです。

➡ hope to の後ろは動詞の原形と決まっているので、「be able to 動詞の原形」が用いられます。

We haven't been able to use the Internet since this morning.
私たちは、今朝からインターネットを使うことができません。

➡ 完了形の後ろも、「be able to 動詞の原形」が用いられます。

❷ allow 人 to 動詞の原形

この動詞 allow は、「(主語)が人が〜するのを許す」という意味です。では、今度は、この表現を使って、「**インターネットのおかげで、情報を瞬時に得ることができます。**」を英訳してみましょう。発想としては、「インターネットは、私たちが情報を瞬時に得ることを可能にしています。」といった感じです。**The Internet** allows us to get **information quickly.** となります。

❸ enable 人 to 動詞の原形

この動詞 enable は、「(主語)が人が〜するのを可能にする」という意味で、先述❷の allow と全く同じパターンで使うことができます。したがって、allow と全く同じパターンで使うことができます。したがって「**インターネットのおかげで、情報を瞬時に得ることができます。**」は、allow を enable に置き換え、**The Internet** enables us to get **information quickly.** と表現することができます。

❹ make it possible（for 意味上の主語）to 動詞の原形

今度は動詞の make を用いた表現です。この make は「make 人 / 物　形容詞」の形で使うことができ、その意味は「〜を作る」ではなく、「人 / 物を〜な状態（＝形容詞）にする」という意味

になります。

　まず、この make の基本的な使い方を以下の例文で確認しておきましょう。

This medicine <u>makes me sleepy</u>.
この薬を飲むと（私は）眠たくなります。

Flying always <u>makes me nervous</u>.
飛行機に乗ると、（私は）落ち着きません。

　では、今度は上記の例文の me を it、形容詞の所には possible「可能にする」に置き換えてみましょう。すると、make it possible「（主語は）それを可能にします」という意味の塊ができあがります。しかし、これだけでは it「それ」が何を指しているのか、意味しているのかがわかりません。ここでは、この it が「仮の内容」の働きを担い、その「真の内容」は to 動詞の原形で後述します。つまり、「（主語）make it possible to 動詞の原形」の形になります。この表現にあてはめると、先ほどの「インターネットのおかげで、情報を瞬時に得ることができます。」は、The Internet <u>makes it possible for us to get information</u> quickly. と表現できます。

　ここでは、to get information quickly の「意味上の主語」である「私たちが」を for us で表現しています。意味上の主語は、通例、to 動詞の原形の直前に置かれます。

演習　「〜できる」は＿＿＿＿＿＿と＿＿＿＿＿＿だけじゃない？

　さて、では演習問題です。文の主語をしっかり考えて、また必要に応じて、日本語を別の日本語に言い換えて考えてみましょう。

1. 次の日本文に合うように、空欄に適切な語を入れ英文を完成させなさい。

❶彼女は、そのプライドゆえに、いかなる支援も受け入れられませんでした。
Her pride did not ＿＿＿＿＿＿＿＿＿＿＿ her to accept any assistance.

❷この農業の新しい方法は、私たちが効果的で環境にやさしいやり方で穀物を生産することを可能にするでしょう。
This new method of farming will probably ＿＿＿＿＿＿＿ it ＿＿＿＿＿＿＿
for us to produce crops in an effective and environmentally friendly way.

❸お客様のご要望にいつ返答できるかは回答しかねます。

I cannot say when we will _____ _____ _____
respond to your request.

2. 次の日本語を英語に直しなさい。

❶天気が良かったので、（私たちは）素晴らしい景色を楽しむことができました。

_____

❷このソフトを使えば、企業はWebサイトのアクセスと利用状況を追跡することができます。

_____

❸一般の方々の寄付金のおかげで、私たちは目標の100万円を達成することができました。

_____

❹その滑走路の拡張によって、ジャンボジェット機が着陸できるようになります。

_____

語群

- the fantastic scenery 「素晴らしい景色」
- track （動）「〜を追跡する」
- website visits and usage 「Webサイトのアクセスと利用状況」
- the donations （名）「寄付」
- the public （名）「一般の人々」
- reach one's goal of〜 「〜の目標を達成する」
- jumbo jets 「ジャンボ機」
- land （動）「着陸する」
- runway （名）「滑走路」
- expansion （名）「拡張」

「影響」は influence と affect で述べる

　論述する時に、何かが何かにプラスの影響を与えるのか、マイナスの影響を与えるのか、また、ものすごく影響を与えるのか、少し影響があるのか、こういった切り口で説明する場面でよく遭遇するものです。「影響」という言葉を耳にすると、influence を連想する方も多いかと思います。

　ここでは、それを含め、「影響」について述べる際に、よく使う表現をいくつか見ていきます。

❶ have an influence [impact / effect] on 人 / 物

　まず、「影響」を意味する名詞を用いた表現の型から確認していきましょう。

Many TV programs have an influence on how people act.
多くのテレビ番組は、人々の行動に影響を及ぼします。

Some people say that blood type has an effect on one's character.
血液型は人の性格に影響があるという人もいます。

　さらに、どんな影響か（大きな、小さな、プラスの、など）を述べたいときは、influence, impact, effect の前に形容詞を添えることで、その影響の程度を補足説明することができます。

Some TV programs have a negative influence on how people act.
テレビ番組の中には、人々の行動にマイナスの影響を与えるものもあります。

⇒形容詞 negative が influence を修飾説明しています。

SNS has a big impact on the way young people think and behave.
SNSは若者の考え方や行動に大きな影響を与えます。

⇒形容詞 big が impact を修飾説明しています。

以下が、よく用いられる形容詞です。

> big「大きな」、enormous「ものすごく大きな」、positive「プラスの」、negative「マイナスの」、good「よい」、bad「悪い」、adverse「悪い」、excessive「過剰な」、extensive「広範囲に及ぶ」、important「重要な」、indirect「間接的な」、direct「直接的な」、international「国際的な」、obvious「明らかな」、unseen「目に見えない」など

❷ affect [influence] + 名詞

❶では名詞でしたが、ここでは、affect, influence は動詞です。affect は「～に（直接的に）影響を与える」、influence は「～に（間接的に）影響を与える」といった具合に、少しその意味に落差が生じます。

The bad ground condition affected [influenced] the baseball player's performance.
悪いグラウンド状況がその野球選手のプレーに影響を与えました。

Money affects [influences] everything.
お金はすべてに影響する。⇒ 世の中、金です。

どのように影響を与えるかを示すときは、affect, influence はいずれも動詞なので、その前に副詞を添えることで、その影響の程度を補足説明することができます。

Home environment may greatly affect [influence] the way children think.
家庭環境は、子どもの考え方に大きな影響を与えるかもしれません。

⇒副詞 greatly が affect [influence] を修飾説明しています。

以下が、よく用いる副詞なります。

> greatly「ものすごく」、slightly「わずかに」、positively「プラスに」、negatively「マイナスに」

この他にも、文末に用いるものとして、以下のものがあります。

> to some degree [extent] 「ある程度」、to a great degree [extent] 「ものすごく」

演習 「影響」は＿＿＿＿＿＿＿と＿＿＿＿＿＿＿で述べる？

1. 次の日本語を英語に直しなさい。

❶ この地震は、この先の経済に影響を及ぼすでしょう。（➡ 名詞「影響」を使って）

＿＿＿＿＿＿＿＿＿＿＿＿＿＿＿＿＿＿＿＿＿＿＿＿＿＿＿

❷ あなたの学習態度は成績に影響を及ぼすでしょう。（➡ 名詞「影響」を使って）

＿＿＿＿＿＿＿＿＿＿＿＿＿＿＿＿＿＿＿＿＿＿＿＿＿＿＿

❸ 増税は貯蓄と投資にマイナスの影響を与えるかもしれません。（➡ 動詞「影響」を使って）

＿＿＿＿＿＿＿＿＿＿＿＿＿＿＿＿＿＿＿＿＿＿＿＿＿＿＿

❹ 世界規模の激しい競争によって、その企業は品質管理に関する考え方を改めました。
（➡ 動詞「影響」を使って）

＿＿＿＿＿＿＿＿＿＿＿＿＿＿＿＿＿＿＿＿＿＿＿＿＿＿＿

❺ 気候変動は、すでに生態系に影響を与えています。（➡ 動詞「影響」を使って）

＿＿＿＿＿＿＿＿＿＿＿＿＿＿＿＿＿＿＿＿＿＿＿＿＿＿＿

- in the future 「この先の」
- learning attitude「学習態度」
- grades ⒨「成績」
- higher taxes 「増税」
- savings and investment「貯蓄と投資」
- increased competition 「激しい競争」
- worldwide ⒫「世界中で、世界的に」
- views on〜 「〜に対する考え方」
- quality control 「品質管理」
- climate change 「気候変動」
- ecosystems ⒨「生態系」

コラム 単語の覚え方①「Word Family」

　英語学習者にとって悩ましいのは、どのようにして語彙力を高めていくか。一番シンプルな回答は、たくさん英文を読んで、コツコツ覚えることかと思います。他には、どんな効率的な覚え方、整理の仕方があるのでしょうか。決して正解不正解ではなく、10人いれば10通りのやり方があると思いますが、その1つを紹介したいと思います。

単語はWord Family「家族」で覚えよう！

　Word family というのは、言語学で用いる言葉ですが、1つの単語とその派生語からなる語源的に関連した単語の集合をいいます。つまり、informant「情報提供者」がinformative「役に立つ」information「情報」を inform「〜に伝える」というふうに、意味的に関連していることがわかります。このように、**単語1つ1つをバラバラに覚えるよりも、1つの集合体として覚えることで一定の効率を図ることができます**。他にも、例えば、ある遊園地に誕生した新しい attraction「〔場所や人などの人を引き付ける〕持ち味、呼び物、アトラクション」は、とても attractive「魅力的な」で、多くの人の関心を attract「〜を引く、引き込む、引き付ける」というふうに、1つのグループで覚えていきます。

「主語」が状況を変化させる make

　主語が「人／物を〜の状態にする」、すなわち、文の主語が人／物の状態、状況に変化を加えるときに用いることができるのがmakeという動詞です。ここでは、このmakeを中心に、その他の類似の表現も見ていきましょう。

❶ make 人／物 +形容詞／名詞

　この make は、「作る」ではなく、主語が「人・物を〜の状態にする」という意味です。

Flying always <u>makes me nervous</u>.
飛行機に乗ると、<u>私はいつも落ち着きません</u>。

This beautiful beach <u>makes our town a very popular place</u> with tourists.
この美しいビーチのおかげで、<u>私たちの町は観光客に人気の場所になっています</u>。

This guidebook <u>makes it easier for people to reach</u> their destination.
このガイドブックがあれば、<u>人々が目的地にたどり着きやすくなるでしょう</u>。

　気づかれた人もいるかと思いますが、この3つ目の例文、実は **表現ツール2：「〜できる」は can / be able to だけじゃない** の ❹ **make it possible**（**for 意味上の主語**）**to 動詞の原形**（25ページ）でも学習した make と同じ用法になります。今回は文構造を詳しく見ていきましょう。

　いわゆる、第五文型（S[主語]V[動詞]O[目的語]C[補語]の語順）の文で、目的語として不定詞句や that 節を用いると、V と C が離れてしまって文の構造がわかりにくくなってしまいます。そのため、O の位置に it を形式的に目的語として置き、本当の目的語である to 動詞の原形や that 節を C の後ろに置きます。今回はto 動詞の原形が後ろに来ていることがわかります。

This guidebook <u>makes</u> <u>it</u> <u>easier</u> <u>for people to reach their destination</u>.
　　　　　　 V 　 O 　 C 　　　　　　　 本当の O

➥ このガイドブックは、<u>それを</u>より簡単にするでしょう。
➥「それ」＝人々が目的地にたどり着くことを

❷ cause 人 / 物 to 動詞の原形
　 [lead]

　ここでは、人 / 物の後に形容詞や名詞ではなく、to 動詞の原形を置き、人 / 物の行動や様態に変化を与えることを示すことができます。

The big earthquake last night <u>caused [led] people to stock up</u> on bottled water and emergency food.
昨夜の大きな地震で<u>人々は</u>ペットボトル水と非常食を<u>買い込みました</u>。

❸ lead to 名詞

　この表現も、因果関係を表す際に用います。lead to 〜 は「〜につながる」という意味です。つながるというのは「〜に至る」と同じですから、何らかの結果につながるということですね。

Reducing speed will probably <u>lead to fewer accidents</u> on the road.
減速することで、おそらく<u>路上事故件数は減少する</u>でしょう。

| 演習 | 「主語」が状況を変化させる＿＿＿＿＿＿＿？ |

1. 次の日本語を英語に直しなさい。

❶ このハート形のロゴが、このTシャツをユニークなものにしています。（➡makeを使って）

＿＿＿＿＿＿＿＿＿＿＿＿＿＿＿＿＿＿＿＿＿＿＿＿＿＿＿＿＿＿＿＿

❷ 善悪をはっきりさせることを好む人もいる。（➡makeを使って）

＿＿＿＿＿＿＿＿＿＿＿＿＿＿＿＿＿＿＿＿＿＿＿＿＿＿＿＿＿＿＿＿

❸ 彼の記者会見でのコメントが人々を怒らせた。（➡makeを使って）

＿＿＿＿＿＿＿＿＿＿＿＿＿＿＿＿＿＿＿＿＿＿＿＿＿＿＿＿＿＿＿＿

❹ 3日間の積雪ですべての電車の運行が止まった。（➡cause / leadを使って）

＿＿＿＿＿＿＿＿＿＿＿＿＿＿＿＿＿＿＿＿＿＿＿＿＿＿＿＿＿＿＿＿

❺ 不適切な対応をすれば、多くのクレームにつながる恐れがあります。（➡lead toを使って）

＿＿＿＿＿＿＿＿＿＿＿＿＿＿＿＿＿＿＿＿＿＿＿＿＿＿＿＿＿＿＿＿

コラム 単語の覚え方②「接尾辞」

　さて、語彙力を高める2つ目のアプローチの紹介になります。今回は、難しい言葉ですが、接尾辞［接尾語］について、見ていきたいと思います。

接尾辞［接尾語］は、単語の品詞を見極めるヒント

　英語の単語は、パーツごとに分解をすることで、ある程度、その単語の意味や文の中でのその単語の役割や品詞を推測し、理解することができます。接尾辞［接尾語］とは、worker「労働者」の -er や flight attendant「客室乗務員」の -ant、のように、語の後ろにつくものをいいます。**語尾に -er や -ant という接尾辞［接尾語］が付くと、「人」を表す名詞となり**、この他にも、doctor「医師」や instructor「講師」の -or や musician「音楽家」の -cian、pianist「ピアノ演奏者」の -ist も同じ働きをします。他にも、attractive「魅力的な」、active「活発な」、creative「塑像力豊かな」のように、**語尾に -tive がつくと形容詞**と判断できたり、associate「～を関連づける」や generate「～を生み出す」のように、**語尾に -ate が付くと動詞**と判断できたりします。この接尾辞［接尾語］は、他にもたくさん存在しますが、インターネット等で検索すれば、簡単にその一覧を確認することができます。覚え方も人それぞれ、様々でしょうが、まずは、一覧を丸暗記しようとせず、その目の前の単語について学びながら、その規則性にも注意を向けてみるとよいでしょう。

「増減」を述べるには increase / decrease か more / fewer

　論述する場合は、様々な指標やデータをもとに、現況や現状について述べることが多々あります。ここでは、何かの数＝number や量＝amount の増減について述べる時に用いる表現をいくつか見ていきましょう。

❶ There is an increase [a decrease] in the number [amount] of 名詞

there is 構文を用いて数や量の増減について述べることができます。

There is an increase in the number of English learners who prefer to use paper dictionaries.
紙の辞書を好んで使う英語学習者が増えています。

There is a decrease in the number of English learners who prefer to use paper dictionaries.
紙の辞書を好んで使う英語学習者が減っています。

　このように increase を decrease に変えるだけで、簡単に増減を言い換えることができます。そして、今後の見通しを述べたければ、there **will be** an increase [a decrease] in the number of... と未来の表現で、過去のある時点から現在に至るまでの推移について述べたければ、there **has been** an increase [a decrease] in the number of... と現在完了時制で表現することができます。なお、この表現では、increase / decrease は名詞として用いられています。

❷ The number [amount] of ～ will increase [decrease]

The number / The amount を文の主語にして、数や量の増減について述べることもできま

す。この場合、increase と decrease は「増える」「減る」の述語動詞として用います。また、その程度を補足説明したい時は副詞を添えるといいでしょう。

以下がよく用いる副詞になります。

> steadily「徐々に」、gradually「徐々に」、rapidly「急速に」、slowly「ゆっくりと」、drastically「劇的に」、dramatically「劇的に」

The number of high school students who hope to study abroad will increase paper dictionaries.
留学を希望する高校生は今後増えるでしょう。

The number of people who eat rice has been decreasing.
米を食べる人の数が減ってきています。

❶の表現と同様に、時制を変えることで、現状や今後の変化について述べることができます。そして、今回のように「The number of 人 / 物」を文の主語として用いるとき、その主語は**単数扱い**となり、動詞はそれに合わせます。

この表現とa number of〜「たくさんの〜」を混同する人がいますので注意してください。a number of〜 の場合は、後ろに入る名詞は数えられる名詞の複数形で、意味は「たくさんの〜」という意味になります。

a number of 〜 を文の主語として用いた場合、その述語動詞は複数扱いになります。

A number of students who wish to develop English skills are satisfied with this new facility.
英語力を伸ばしたい多くの生徒は、この新しい施設に満足しています。

最後に、量について述べる場合も見ておきましょう。

The amount of energy consumption in Asia will increase in the future.
アジアのエネルギー消費量は増えるでしょう。

このように、number を amount に変えるだけで、その応用が可能です。なお、この表現では、increase / decrease は名詞として用いられています。

❸ more（and more）人 / 物 & fewer（and fewer）人 / 物

「昔と比べて」を示唆する表現、nowadays、these days、today などと共に用いることで、より簡単に数や量の増減を表現することができます。

These days, more（and more）people take private English lessons online.
英語のプライベートレッスンをオンラインで受ける人が増えています。

Today, fewer（and fewer）people subscribe to a newspaper.
最近、新聞を購読する人が減っています。

Young people today spend less money on clothes.
最近の若者は、洋服にあまりお金を使いません。

fewer（and fewer）は、数えられる名詞について、その数が減ってきている場合に用いますが、time、money といった数えることができない名詞については「量」が減ってきているので、less（and less）を用いて表現します。

| 演習 | 「増減」を述べるには＿＿＿＿＿＿＿？ |

1. 次の日本語を英語に直しなさい。

❶コンピュータプログラミングの授業が増えています。
（➡「There is an increase」から始めて）

---

❷最近、大阪では車で通勤する人の数が減ってきています。（➡「fewer people」を使って）

_____

❸日本では喫煙者数は急激に減少していますが、世界の喫煙者数は増えています。

（➡「there has been a drastic decrease / the number of smokers」を使って）

_____

❹大気中の二酸化炭素削減のため、私たちはできる限りのことをしなければなりません。

（➡「the amount of〜」を使って）

_____

> 【語群】
> ・computer programming classes「コンピュータプログラミングの授業」
> ・drive to work「車で通勤する」
> ・worldwide （副）「世界中で」
> ・do everything possible「出来る限りのことをする」
> ・the amount of carbon dioxide in the atmosphere「大気中の二酸化炭素」

「難しさ」を述べる
difficultとdifficulty

何かに対処、対応する際、様々な理由でそれが困難な場合があります。ここでは、その「大変さ」や「難しさ」を伝える際に用いる表現を見ていきます。

> ❶ It is difficult [hard] (for 人) to 動詞の原形

英語を学び始めたときに、たいていの人がまず出会う表現です。Itからスタートして、そのitの内容は「to 動詞の原形」以下で述べる構文です。この構文を用いる際に、「難しい」や「大変な」の意味の形容詞difficult, hard やchallenging を使って表現することができます。

Some people say that it is quite challenging to be accepted to a university in Japan, but it is easy to graduate.
日本の大学は入るのは難しいが、卒業するのは簡単と言う人もいます。

It is very hard for us to change the way we live.
（私たちが）生活様式を変えることは、とても大変なことです。

> ❷ have a difficult [hard] time + 動詞ing

会話で I had a good time.「楽しかった。」のような表現を耳にしたことはありませんか。

実は、「大変さ」や「難しさ」を伝える際、この have a …time という表現を応用することができます。そう、先ほどの「難しい」や「大変な」の意味の形容詞 difficult や hard を使って、have a difficult [hard] time とすると、「楽しかった」を「大変だった」に変えることができるのです。

そして、何をする際に大変なのか、苦労したのかを述べるには、「have a difficult [hard] time ＋動詞ing」の形で用います。何をしているときに大変だったのか、つまり、その時の状況[付帯状況]を述べるので、動詞ing を使って表現します。

Many people have a hard time finding a job because of the recession.
不況の影響で、多くの人がなかなか仕事にありつけません。

Japanese expressions used in this manual are so complicated that some people from abroad have a hard time understanding them.
このマニュアルの中で使われている日本語表現はとても複雑なので、外国人の中には理解するのが大変な人もいます。

Some people have a difficult time developing their ideas in writing.
ライティングで考えを発展させることに苦労する人もいます。

❸ have difficulty [trouble] +動詞ing

今度は名詞の difficulty「困難」や trouble 「トラブル」のように、大変な状況を連想させる単語を用いて「大変さ」や「困難さ」を伝える表現を見ていきます。それが、「have difficulty [trouble]+ 動詞ing」という構文です。考え方は、❷と同じく、何をしているときに大変だったのか、つまり、同時進行で起こっている、その時の状況[付帯状況]を述べるので、動詞ing を従えます。

Many people have difficulty understanding modern art.
多くの人は、現代美術を理解するのに苦労します。

そして、さらに、この表現は a lot of「すごく」、some「ある程度」、no「全く〜ない」のように、difficulty［trouble］の前につける語によって、その大変さや困難さの程度を調整することができます。

Some people have a lot of difficulty evacuating in case of emergency.
緊急の際、避難するのが大変困難な人もいます。

As it was a weekday yesterday, I had no trouble finding a parking space.
昨日は平日だったので、（私は）難なく駐車スペースを見つけることができました。

❹ find it difficult [hard] to 動詞の原形

　動詞 find を使って、「難しさ」や「大変さ」を伝えることもできます。「find it difficult [hard] to 動詞の原形」の形で使いますが、これは一般的に、英文法の世界では、第5文型と呼ばれています。この it の内容の意味するところは後続の「to 動詞の原形」で述べます（さらに詳しい説明は、**表現ツール4：「主語」が状況を変化させる make** の ❶ make 人 / 物 ＋形容詞 / 名詞［32ページ］で再度確認してください）。以下の例文で確認しましょう。

Some people find it difficult to carry on with their daily lives because of the recession.
不況で、日常の生活を続けるのが困難になっている人もいます。

Because of the noise from the construction site, we find it hard to sleep every night.
工事現場からの騒音が理由で、（私たちは）毎晩なかなか眠れません。

| 演習 | 「難しさ」を述べる＿＿＿＿＿と＿＿＿＿＿？ |

1. 次の日本語を英語に直しなさい。

❶（あなたは）やりたいと思うことすべてを行うための時間は、なかなか見いだせません。
（➡「It is difficult to 動詞の原形」を使って）

❷自分の考えを言葉で思うように表現できない人もいます。

（➡「have a hard time 動詞 ing」を使って）

_____

❸若者の中には、学校で学んでいることに実用的な価値を認識するのが難しい者もいます。

（➡「have difficulty 動詞 ing」を使って）

_____

❹喫煙をなかなかやめられない人が多いです。

（➡「find it difficult to 動詞の原形」を使って）

_____

> **語群**
>
> ・find time「時間を見つける」
>
> ・all (that) you would like to do「やりたいと思うことすべて」
>
> ・express 動「〜を表現する」
>
> ・in words「言葉で」
>
> ・recognize 動「〜を認識する」
>
> ・the practical value of〜「〜の実用的な価値」
>
> ・what they are learning in school「学校で学んでいることに」

1つ目のポイントを述べるには Firstと...

　英語では、パラグラフ[段落]の最初にまずそのパラグラフの結論を述べます(トピックセンテンスのことです。詳しくは5ページ以下を参照)。英語の論述問題では、自分がなぜそう思うのか、その理由をパラグラフごとに順番に述べます。では、まず一番目の理由を述べる表現を見ていきましょう。

❶ First,

　この表現は、「第一に、」と言いたいときに使います。一番シンプルな表現です。
後ろにコンマ(,)をつけ忘れないようにしましょう。例えば、「**第一に、インターネットは私たちのコミュニケーションを円滑にしてくれます。**」をこの表現を使って表現すると、

First, the Internet makes our communication smooth.

となります。

❷ First of all,

　この表現は、「まず最初に、」と言いたい場合に使えます。❶とほぼ一緒ですね。例えば、「**まず最初に、運動をすることは体にいいです。**」をこの表現を使って表現すると、

First of all, exercising is good for our health.

となりますね。この表現の場合も、後ろにコンマ(,)をつけ忘れないようにしましょう。

❸ The first point I would like to make is that 主語 + 動詞

これは、少し長い表現となります。語数の制限が厳しい（短い）場合は使えませんが、逆に最後まで書いて、文字数が足りない、というときには、この表現に変えて文字数を増やすことができます。例えば、「**主張したい最初の点は、公共サービスを廃止することは、貧富の差を広げてしまうということです。**」をこの表現を使って表現すると、

The first point I would like to make is that abolishing public services will increase the gap between the rich and the poor.

となります。

❹ One of the benefits of 〜 is

この表現は、「○○の利点を述べなさい」という問題に使えます。〜には、名詞や動名詞［動詞ing］が入ります。例えば、「**オンライン授業の利点の1つは**」と言いたいときは、

One of the benefits of online lessons is …

となりますが、「**オンラインで授業を受けることの利点は**」と言いたいときは、

One of the benefits of taking online lessons is …

となります。自分が言いたいことが名詞自体なのか、それを行う行為なのかを考えて判断しましょう。

演習 「1つ目のポイントを述べるには＿＿＿＿＿と?

1. 次の日本語を英語に直しなさい。

❶ まず、幼い頃に英語学習を始めると、子どもたちの母国語習得が阻害されます。

❷ まず最初に、リサイクルは長期的に見ると環境に悪いです。

❸ 主張したい最初の点は、移民を受け入れることで、労働力不足問題を解決できるということです。

❹ 電子書籍の利点の1つは、重い本を持ち歩かなくてよいということです。

❺アパートを借りる利点の1つは、好きな時に引っ越しできるということです。

_____

語群

・at an early age 「幼い頃に」

・hinder （動）「〜を阻害する」

・acquisition （名）「習得」

・in a long run 「長期的に見ると」

・solve the problem of 〜 「〜問題を解決する」

・labor shortage 「労働力不足」

・accept （動）「〜を受け入れる」

・immigrant （名）「移民」

・electronic books 「電子書籍」

・carry around〜 「〜を持ち歩く」

・move （動）「引っ越しする」

・whenever you like 「好きなときに」

2つ目のポイントを述べる Secondとその他の表現

　論述する場合は、最低でも、2つのポイントを述べる必要があります。もちろん、語数制限によっては、3つ目の理由を述べる必要がでてきますが、基本的には同じです。重要なのは、それぞれのパラグラフ[段落]内では、パラグラフの最初に置くトピックセンテンスに対する補足説明以外を述べないことです(トピックセンテンスについては、5ページ以下を参照)。

　それでは、2つ目のポイントを述べる表現をみていきましょう。

❶ Second,

　この表現は、「第二に、」と言いたいときに使います。一番覚えやすいですね。第一のポイントの時と同様に、後ろにコンマ(,)をつけ忘れないようにしましょう。例えば、「**第二に、気温が高すぎると、勉強に集中することがむずかしいです。**」をこの表現を使って表現すると、

Second, it is difficult to concentrate on studying when it is too hot.

となります。

❷ Second of all,

　この表現も、日本語にすると、「第二に、」となります。例えば、「**第二に、子どもは一番多くの時間を両親と過ごします。**」をこの表現を使って表現すると、

Second of all, children spend the most time with their parents.

となります。上の表現同様、後ろにコンマ(,)をつけ忘れないようにしましょう。

❸ Moreover, / Also, / Furthermore,

　これらの表現は、「その上、」という意味になります。すべて、後ろにコンマ(,)をつけ忘れないようにしましょう。例えば、「その上、地元の食材を食べることは、地元の経済のためになります。」をこの表現を使って表現すると、

Moreover, eating local food helps the local economy.

となります。Moreover, の代わりに、Also, や Furthermore, でも同じ意味になります。

❹ In addition, / Additionally,

　この表現も、「その上、」や「さらに、」の意味になります。例えば、「さらに、国際言語の導入は様々な文化を消し去ります。」をこれを使って言うと、

Additionally, the introduction of an international language will eradicate various cultures.

となります。上の表現と同じく、後ろにコンマ(,)をつけるようにしましょう。

| 演習 | 「2つ目のポイントを述べるには＿＿＿＿＿＿？ |

1. 次の日本語を英語に直しなさい。

❶ 第二に、プレゼンテーションのスキルは、将来学生が就職するときに役に立つようになります。

_____

❷ 第二に、人脈が仕事を得る手助けをしてくれます。

_____

❸ その上、博物館は教育的価値が高いです。

_____

❹ その上、読書は子供の想像力を高めてくれます。

_____

❺ その上、学生は、お金の重要性を学ぶことができます。

_____

2. 次の英文を日本語に直しましょう。

❶ <u>Second,</u> nothing is more important to understand yourself.

_____

❷ <u>In addition,</u> learning by yourself is more important being taught by someone else.

_____

❸ <u>Also,</u> understanding how to do something and actually being able to do it are two different things.

_____

> 語群
> ・ personal connections 「人脈」
> ・ educational values 「教育的価値」
> ・ imagination （名）「想像力」
> ・ improve （動）「〜を高める」
> ・ the importance of 〜 「〜の重要性」

一般論を述べるときの In general など

　必ずしもそうではないが、一般的にそうだ、は論述をする際によく使う表現です。言い切るよりも、「一般的には」と文に付け加えるだけで、ある意味、逃げの幅を設けることができる便利な表現です。もちろん、多くの人が読んで、「本当か？」と悩むような内容は一般論としては述べないでくださいね。例えば、「一般的に、田舎の方が空気が汚染されている」や、「一般的に中学生のほうが大人よりも背が高い」は、この表現を使うにはふさわしくありませんね。もちろん何らかの事情で、大気汚染が進行している地域があるかもしれませんし、中学生でも身長180センチを超える人もいるでしょうが、「一般的」ではありませんね。一般論で用いる表現を上手に使って、質の高い論述を展開していきましょう。

❶ In general,

　この表現は「一般的に、」と、日本語の語順と同じように文頭で使います。後ろにコンマ(,)をつけて、その後に一般論の内容となる完全文を書きましょう。例えば、「**一般的に、欧米の子どもたちは高校を卒業した後は、両親の家を出ます。**」をこれを使って表現すると、

In general, children in western countries leave their parents' house after they graduate from high school.

となります。

❷ Generally speaking,

　この表現も、❶の表現と同じく、文頭で使います。例えば、「**一般的に、物価は田舎のほうが安いです。**」は、

Generally speaking, prices are cheaper in the countryside.

となりますね。この表現の場合も、後ろにコンマ(,)をつけるのを忘れないようにしましょう。

❸ generally / typically

この表現も、後ろにコンマ(,)を付けて文頭で使うこともできますが、動詞の直前に置き、動詞を修飾させたり、be動詞の前に置き、be動詞を修飾させたりすることもできます。この場合は、**コンマ(,)は使いません**。例えば、「**フルタイマーは一般的に一日8時間働きます。**」は、この表現を使うと、

Full-time workers generally work for eight hours a day.

となります。

❹ On the whole,

「(一部は違うかもしれないが)、全体としてみれば、」の意味なので、つまり、「一般的には」の意味になります。この表現も後にコンマ(,)をつけて、その後に一般論となる完全文を続けます。例えば、「**一般的に、人は変化を嫌います。**」をこの表現を使って表すと、

On the whole, people hate changes.

となります。

❺ It is commonly said that 主語+動詞

この表現は、「一般的に〜と言われています」と言いたいときに使います。that以下は主語と動詞がある完全文です。例えば、「**一般的に、人は一日8時間の睡眠をとった方がいいと言われています。**」は、

It is <u>commonly</u> said that people should get eight hours of sleep a day.

となります。

❻ It is generally believed that 主語+動詞

この表現内の generally と❺の表現内の **commonly** は入れ替えることが可能です。ここも that 以下は主語と動詞がある完全文です。例えば、「**一般的に、読書は創造力を向上する一助となると考えられています。**」は、

It is <u>generally</u> believed that reading books helps improve creativity.

となります。

| 演習 | **一般論を述べるときの＿＿＿＿＿＿？** |

1. 次の日本語を英語に直しなさい。

❶一般的に、田舎より都市部のほうが交通量が多いです。

＿＿＿＿＿＿＿＿＿＿＿＿＿＿＿＿＿＿＿＿＿＿＿＿＿＿＿

❷一般的に、制服のほうが普通の服よりも値段が高いです。

＿＿＿＿＿＿＿＿＿＿＿＿＿＿＿＿＿＿＿＿＿＿＿＿＿＿＿

❸日本の電車は一般的に時間通りに到着します。

_____

❹一般的には、雨の日は家で過ごす人が多いです。

_____

❺一般的に、ウォーキングは健康に良いと言われています。

_____

❻一般的に、喫煙は肺がんの原因の1つだと考えられています。

_____

語群
- traffic （名）「交通量」
- on time「時間通りに」
- cause （名）「原因」
- urban areas 「都市部」
- smoking （名）「喫煙」
- lung cancer 「肺がん」

表現ツール **10**

可能性・傾向を述べるのに便利な likely

　一般論を述べるときに、必ずしもそうではないが、「可能性が高い」「〜する傾向がある」という表現は、よく使いますね。同様に「可能性が低い」「〜する傾向にない」という逆の意味になる表現も頻繁に使うことでしょう。そして、可能性や傾向を述べるときは、何が理由でそうなっているのか、またはどういった条件の人／物がそうなる可能性が高い、または傾向にあるのかを、この前後に記す必要がありますが、このセクションではひとまず、可能性・傾向を述べる表現を学習しましょう。

❶ be more likely to 動詞の原形

この表現は主語が「〜する傾向がある」「〜する可能性が高い」と述べたいときに使います。

People <u>are more likely to spend</u> time with others who think like them.
人は自分と同じように考える人と時間を<u>過ごす傾向があります</u>。

❷ It is more likely that 主語+動詞

　上述の例文❶にある主語の people を that 以下の主語として置いたのがこの表現です。that 節内の動詞は主語によって変え、<u>三人数単数の時は、**s** をつけ忘れないように気をつけましょう</u>。

It is more likely that consumers buy cheaper products.
<u>消費者は</u>安いほうの製品を<u>買う可能性が高いです</u>。

　ここに、「値段が下げられれば」という条件を付けて、「**値段がもっと安ければ、消費者はこの製品を買う可能性が高くなるでしょう。**」の場合は、that 節内の動詞は未来の表現になります。

If the price is reduced, it is more likely that consumers will buy the products.

❸ be less likely to 動詞の原形

この表現は❶の逆の傾向を述べるときに使います。つまり「～しない傾向がある」「～する可能性が低い」というときに使います。

People are less likely to spend time with others who don't think like them.
人は自分と同じように考えない人と時間を過ごさない傾向があります。

❹ It is less likely that 主語 + 動詞

この表現と❸の表現の関係は、❷と❶の関係と同じです。つまり、It is less likely that の that 以下に、❸の表現を使った例文の主語をあてます。動詞の時制ですが、現在または未来が入りますが、それは条件（if の文）があるかないかで決めます（条件がある場合は、未来を表す表現）。

It is less likely that students will drop classes if fewer students are in a class.
一クラスの学生数が減れば、学生はクラスを落とす可能性が低くなります。

❺ tend to 動詞の原形

この表現は、主語の後に使い、「（主語）は～する傾向がある」と言いたいときに使います。tend の後は to 不定詞なので、to の直後には動詞の原形が入ります。

Smokers tend to have health problems.
喫煙者は健康上の問題を抱える傾向にあります。

| 演習 | 可能性・傾向を述べるのに便利な＿＿＿＿＿？ |

1. 次の日本語を英語に直しなさい。

❶子どもは暴力的な映画に影響を受けがちです。

（▶ 子供を主語にし、「more」を使って）

_____

❷人々がマスクを着けるのをやめたら、病気にかかる可能性が高くなるでしょう。

（▶「It」を使って）

_____

❸大企業は倒産しにくいです。

（▶ 大企業を主語にし、「less」を使って）

_____

❹先進国の人々が、きれいな水にありつけない可能性は低いです。

（▶「It」を使って）

_____

❺人々は、平和を当たり前だと思いがちです。

語群

・violent　形「暴力的な」

・be influenced by〜「〜に影響を受ける」

・get sick「病気になる」

・stop 動詞ing 「〜するのをやめる」

・big businesses 「大企業」

・go bankrupt 「倒産する」

・people in developed countries 「先進国の人々」

・have access to〜「〜にありつく」

・take A for granted 「Aを当たり前のことと思う」

過去との違いを述べるには?

論述する中で、以前の状況と今現在の状況を相対比較することがよくあります。
今回は、現在や過去を表す表現と、その使い方を見ていきましょう。

❶ in the past

まずは、過去の事実を述べる際に使う表現の確認です。この副詞句 in the past の意味は、「以前は、前は、過去は」の意味で、現在の状況の比較対象となる過去の事実について述べる際に使います。この表現を使うことで、時間軸が明確になり、その比較対象がより明確になります。

People in the past used a candle when reading a book in the dark.
人は昔は、暗がりで本を読むときにろうそくを使っていました。

That song was very popular among young people in the past.
その曲は、以前は若者たちの間でとても人気がありました。

❷ today, nowadays, these days

続いて、現在の事実について述べる際に用いる表現の確認です。この today、nowadays、these days が簡潔で、一般的によく使われます。いずれも「今日、最近、近頃」という意味です。

People today spend more time using social media than watching TV.
今日、人々はテレビを見るよりもSNSを使うことにより多く時間を使います。

Nowadays, not many young people drive.
今日、車を運転する若者はあまりいません。

These days, many people enjoy leading a single life.
今日、多くの人々はシングルライフを楽しんでいます。

❸ used to

次は助動詞の used to と動詞の原形を使った表現です。現在との対比に重点が置かれ、「以前は〜でした（が、今はそうではない）」という場合に用いられる表現です。

People used to have a lot of children (, but now they don't).
以前は、子だくさんの人がたくさんいました。

Japanese people are not as wealthy as they used to be.
日本人は以前ほど豊かではありません。

　上述のように、used to は状態を表す動詞に加え、動作を表す動詞にも用いることができます。その一方で、would は過去に繰り返した動作を表す場合にのみ使います。would は他にも使い方がたくさんあるので、この意味で使う時は、often「よく」やsometimes「時々」といった頻度を表す副詞や when we were young「私たちが若かった時」のような副詞節の表現を使って、過去に繰り返し行ったことであることを明確にします。

Many people would often go to the theater to enjoy the movie when they were young.
多くの人々が若い時に、映画を観に劇場によく通ったものです。

| 演習 | **過去との違いを述べるには_____？**

1. 次の日本語を英語に直しなさい。

❶昔、沖縄はアメリカに属していました。
（➡「in the past」を使って）

_____

❷最近では、高校生は英語に加えて他の外国語も勉強するべきだという人がいます。
（➡「these days」を使って）

_____

❸その2国の関係は、以前は良好でした。
（➡「used to 動詞の原形」を使って）

_____

❹(私は)定期的に運動を始める前は体調がよくありませんでした。
（➡「used to 動詞の原形」を使って）

_____

❺大気汚染は以前のような大きな問題ではありません。
（➡「used to 動詞の原形」を使って）

_____

❻以前は、多くの人が紙の辞書を使っていました。
（➡「used to 動詞の原形」を使って）

_____

❼かつて、都会には多くの公園がありました。
（➡「used to 動詞の原形」を使って）

_____

❽多くの子供たちが、そこでよく友達と遊んだものです。
（➡「would often」を使って）

_____

> 語群
>
> ・belong to 〜 「〜に属している」
> ・in addition to 〜 「〜に加えて」
> ・out of shape 「不健康な」
> ・air pollution 「大気汚染」

関係詞 which, who, where, whenを使って名詞を説明しよう

　関係詞を使うと、名詞を具体化できます。今回は、論述でよく使う、which, who, where, when について見ていきましょう。

❶ 名詞 which 動詞

この表現は、「〜する名詞」と言いたい場合に使えます。

例えば、「**保育サービスを提供する会社がたくさんあります。**」をこの表現を使って表すと、

There are a lot of <u>companies which offer</u> child-care services.

となります。前の名詞(companies)の動詞が offer となります。

❷ 名詞 which 主語+動詞

この表現は、「(主語)が〜する名詞」と述べたい時に使えます。

例えば、「**学生は好きなレッスンをたくさん履修できます。**」をこの表現を使って表すと、

Students can take many <u>lessons which they like</u>.

となります。そして、この場合の which は省略することができます。

❸ 名詞 who 動詞

この表現は、❶と同じですが、前の名詞が人の場合に使います。

例えば、「**長時間労働をしたくない**労働者は多いです。」をこの表現を使って表現すると、

There are many <u>workers who do not want</u> to work long hours.

となります。前の名詞(workers)の動詞が do not want to work となります。

❹ 名詞 who 主語+動詞

この表現は、❷と同じ同じ型［パターン］になりますが、who 以下が修飾説明する前の名詞が人の場合に使います。例えば、「**(私たちが)信用できる政治家はいません。**」をこの表現を使って表すと、

There are not any <u>politicians who we can trust</u>.

となります。前の名詞がwe can trust「(私たちが)信用できる」の対象です。

❺ 名詞 where 主語+動詞

この表現は、「(主語)が〜する名詞(場所)」と言いたい場合に使います。
例えば、「**お年寄りが友達を作れる場所**」をこれを使って表現すると、

<u>places where the elderly can make</u> friends

となります。places「場所」がどんな場所かを説明する内容が、後ろの「お年寄りが友達を作れる」ということになります。

❻ 名詞 when 主語+動詞

この表現は、「(主語)が〜する名詞(日、時)」と言いたい場合に使います。
例えば、「**私たちが月に移住する日**」をこの表現を使って表すと、こうなります。

the <u>day when we move</u> to the Moon.

| 演習 | 関係詞＿＿＿＿＿＿＿を使って名詞を説明しよう |

1. 次の日本文に合うように、空欄に適切な語を入れ英文を完成させなさい。

❶たくさんの種類の授業を提供する学校

a school ＿＿＿＿＿＿＿＿＿＿＿ ＿＿＿＿＿＿＿＿＿＿＿ various classes

❷子どもたちが自分たちで学べる博物館

a museum ＿＿＿＿＿＿＿＿＿＿＿ ＿＿＿＿＿＿＿＿＿＿＿ can learn by themselves

❸最初の内定をもらった日

the day ＿＿＿＿＿＿＿＿＿＿＿ we got the first job offer

2. 次の日本語を英語に直しなさい。

❶私たちは、人に尊敬されるリーダーを選ぶ必要があります。
（人に尊敬される ➡「人が尊敬する」に言い換えて考えてください）

＿＿＿＿＿＿＿＿＿＿＿＿＿＿＿＿＿＿＿＿＿＿＿＿＿＿＿＿＿＿＿＿

❷すべての学生を平等に扱う先生の事を覚えています。

＿＿＿＿＿＿＿＿＿＿＿＿＿＿＿＿＿＿＿＿＿＿＿＿＿＿＿＿＿＿＿＿

❸彼は地元の人を助ける活動に携わりたいと思っています。

＿＿＿＿＿＿＿＿＿＿＿＿＿＿＿＿＿＿＿＿＿＿＿＿＿＿＿＿＿＿＿＿

❹私は、自分のことを自由に表現できる国に行きたいです。

_____

> **語群**
>
> ・respect （動）「～を尊敬する」
>
> ・treat （動）「～を扱う」
>
> ・equally （副）「平等に」
>
> ・get involved in ～「～に携わる」
>
> ・local （形）「地元の」
>
> ・express （動）「～を表現する」
>
> ・freely （副）「自由に」

結論を述べる In conclusion と 他の表現

　論述する場合は、最後の仕上げは結論を述べることになります。冒頭で主題に対する自身の主張を述べます。そして語数制限により、情報量の加減は生じますが、2つないし3つ、その主張に至る理由、トピックセンテンスを述べます。さらに、それぞれのトピックセンテンスの補足説明を行い、最後に再び自身の主張について結論を述べます。ここでは、その結論を述べる際によく使う表現をいくつか見ていきましょう。

❶ In conclusion,

　この表現は、「**結論として／要するに**」と言いたいときに使います。必ず、後ろにコンマ(,)をつけ忘れないようにしましょう。
　例えば、「**結論として、私は部活動は反対すべきだと主張しています。**」をこの表現を使って表すと、

In conclusion, I argue that we should abolish club activities.

となります。

❷ For these reasons,

　日本語にすると、「**これらの理由によって／このような理由で**」となります。結論を述べる際、reasons「理由」を用いた一番覚えやすい表現です。
　例えば、「**こういった理由から、大学生は一定期間留学するべきだと、私は思います。**」をこの表現を使って表すと、

For these reasons, I think university students should study abroad for a certain period of time.

となります。❶の表現と同様に、後ろにコンマ(,)をつけ忘れないようにしましょう。類似の表現には、「以上の理由から」という意味で **For the reasons mentioned above** や **For the above reasons** があります。同じく後ろにコンマ(,)をつけ忘れないようにしましょう。また **These are the reasons why I think…** という表現もあります。

❸ In summary,

「**要するに／手短に述べると**」という意味になります。類似の表現には、他に **In short, In a word, To summarize,** などがあります。すべて、後ろにコンマ(,)をつけ忘れないようにしましょう。

例えば、「**要するに、ウォーキングは安全で、お金がかからず、かつ楽しい、健康のためになる運動です。**」は、

In summary, walking is a safe, cheap, and enjoyable exercise for your health.

となります。

❹ In closing,

この表現も、「**結論として**」や「**結論を言えば**」の意味になります。
例えば、「**結論として、私たちは森林保護に役立つことをもっとするべきです。**」は、

In closing, we should do more to help save our forests.

となります。これまで紹介してきた表現同様、後ろにコンマ(,)をつけるようにしましょう。

演習　結論を述べる＿＿＿＿＿＿の表現？

1. 次の日本語を英語に直しなさい。

❶結論として、小学校入学前から英語の学習を開始することは難しいです。

（➡「In conclusion, 」を使って）

___

❷こういった理由から、電気を使い過ぎないようにすることが重要です。

（➡「For these reasons, 」を使って）

___

❸結論として、私は、この先、より多くの学校がデジタル教科書を利用すると思います。

（➡「In summary, 」を使って）

___

❹結論として、私は子供たちがインターネットを使用する時間を親が制限するべきだと思います。

（➡「In closing, 」を使って）

___

❺結論として、公共の場では喫煙は許されるべきではないと思います。

（➡「To summarize,」を使って）

_____

_____

❻以上の理由から、インターネットにはたくさんの利点があります。

（➡「For the reasons mentioned above,」を使って）

_____

_____

> **語群**
>
> ・elementary school「小学校」
>
> ・electricity （名）「電気」
>
> ・digital textbooks「デジタル教科書」
>
> ・public places「公共の場」

表現ツール **14**

原因と結果を表す6つの表現

　論述するときには、A→B、そしてB→Cのように、何がどうなるからその結論になるのか、ということを明確にする必要があります。英語で論述する際には、英語はもちろん大事ですが、論述内容のロジックも大事です。問題を見た瞬間に、すぐに書き始めるのではなく、アウトラインを書き、ロジックを「→」などを使って書き出してみましょう。そうすると自分の考えがより明確になり、読む人にも伝わりやすくなりますよ。

❶ by 〜ing, 主語+動詞

　この表現は、「**〜することで、主語は〜する（できる）**」と言いたいときに使え、順番を逆にすることができます。その場合は、コンマ(,)はいりません。
　例えば、「**子供たちはペットの世話をすることで、命の大切さを学ぶことができます。**」は、

By taking care of a pet, children can learn the importance of life.

とも言えますし、

Children can learn the importance of life by taking care of a pet.

とも言えます。

❷ 主語+動詞, and in this way, 主語+動詞

　この表現は、先に原因となることを言い、コンマで一度終え、and in this way の後にその結果となる内容を言うときに使います。例えば、「子供がペットの世話をします。こうすることで、彼らは命の大切さを学ぶことができる。」は、

Children take care of pets, and in this way, they can learn the importance of life.

となります。

---

❸ 主語+動詞, and this will 変化を表す動詞

　この表現では、まず原因となる文を述べ、その後にそれが引き起こす変化を述べることができます。変化を表す動詞には、influence「〜に（間接的に）影響を与える」、affect「〜に（直接的に）影響を与える」、increase「〜を増加させる」、decrease「〜を減少させる」、improve「〜を向上させる」、worsen「〜を悪化させる」などがあります（さらに詳しい説明は、**表現ツール3：「影響」はinfluenceとaffectで述べる** の ❷ affect [influence] + 名詞［29ページ］で再度確認してください）。例えば、「**教師は授業準備をする時間が増える。そして、それは教育の質を向上させます。**」は、

Teachers will have more time to prepare for classes, and this will improve the quality of education.

となります。

---

❹ 名詞 lead(s) to 名詞

　この表現では、直接的に、前の名詞が後ろの事柄につながる、と言いたいときに使えます。前の名詞はその前の文全体を受けて、it や、this になることもあります（さらに詳しい説明は、**表現ツール4：「主語」が状況を変化させる make** の ❸ lead to 名詞 ［33ページ］で再度確認してください）。例えば、**Students can interact with people from various countries.**「学生は、様々な国の人たちと交流することができます。」と前の文にあり、「**それが、彼らの間での異文化のより良い理解へとつながるのです。**」と言いたいときは、前の文をitで受け、前の文のピリオドをコンマ(,)に変え、

Students can interact with people from various countries, and it will lead to a better understanding of other cultures among them.

とすることができます。また、この「, and it」を「, which」に変えることも可能です。「〜につながる可能性がある」と言いたいときには、可能性を示す can と共に使い、can lead to 名詞 となります。

❺ as a result of 名詞

　この表現では、まず原因となる文を述べ、その後にそれが引き起こす変化を述べることができ、「〜の結果、〜が原因で」という意味です。文頭でも、文末でも使うことができますが、文頭で使うときは、名詞の後にコンマ(,)を付けます。例えば、「**不況が原因で、多くの若者が仕事に就けません。**」は、

As a result of the recession, many young people cannot find employment.

となります。

❻ thanks to 名詞

　この表現は、「〜のおかげで」の意味です。文頭でも、文末でも使うことができます。文頭で使うときは、名詞の後にコンマ(,)をつけます。文頭で使うときは、コンマ(,)の後に、主語と動詞がある完全文を、文末で使うときは、thanks の前に完全文を置きます。例えば、「**インターネットのおかげで、私たちはたくさんの情報を一度に得ることができます。**」は、

Thanks to the Internet, we can get a lot of information at once.

でもいいですし、

We can get a lot of information at once thanks to the Internet.

と表現することもできます。thanks to と聞くと、ポジティブ[肯定的]なことを述べる時のみ使えそうな感じがしますが、ネガティブ[否定的]な内容を述べる際にも使えます。しかし、その場合には皮肉に聞こえてしまうことがあるので、ネガティブの場合は、無難に **because of** を使いましょう。その場合の意味は「**〜のせいで**」です。

演習 **原因と結果を表す6つの表現は_____ ?**

1. 次の日本語を英語に直しなさい。

❶簡単な日本語を使うことで、私たちは多くの外国人を助けることができます。

_____

❷親たちは、子どもにスマートフォンを持つように伝え、そしてそうすることで、彼らの安全を守ります。

_____

❸より多くの原材料が輸入されなくてはならなくなり、それにより、生産コストが上がるでしょう。(➡「, and this will」を使って)

_____

❹働き過ぎは、うつ病につながる可能性があります。

_____

❺インターネットのおかげで、私たちは家から買い物ができます。

_____

語群
- keep (人) safe「(人)の安全を守る」 ・raw materials「原材料」
- cost of production「生産コスト」 ・overwork 名「働きすぎ」 ・depression 名「うつ病」

表現ツール 15

前置詞 with, from, of, in を使って名詞を説明する

　英語には、in, at, for, with, of, to など「前置詞」と呼ばれる機能語が存在します。通例、この前置詞は、時間や場所を述べる際に用いたり、go to や live in のように熟語として覚えていたりするかと思いますが、ここでは、その**前置詞を使って直前の名詞を修飾説明する用法**について学習していきます。

❶「所有」「携帯」を表す with

　with という前置詞の、「一番最初に連想する意味は？」と尋ねられれば、「～と一緒に」になるかと思います。例えば、こんな感じでしょうか。

I jog <u>with my wife</u> in our neighborhood every morning.
毎朝、私は<u>妻と</u>近所をジョギングします。

Why don't you go to the party <u>with me</u>? I think you can have a good time.
パーティーへ<u>一緒に</u>行きましょうよ。きっと楽しんで頂けると思いますよ。

　これらは「一緒に」という意味の典型的な英文ですよね。そして、ポイントは with の後の言葉に注目です。with の後に、いずれも「人」を表す my wife や me がきているのがわかります。ゆえに、日本語に訳すと「一緒に」という言葉が当てられるわけです。
　では、以下の場合はどうでしょうか。

Not many people can afford <u>a house with a garden</u>.
<u>庭付きの一戸建て</u>を買うことができる人は多くない。

Walking is an exercise <u>with a lot of merits</u>.
ウォーキングは<u>多くの利点のある</u>運動です。

There are many ways to interact **with** people with different backgrounds.
様々な経歴のある人と交流する方法がたくさんある。

「〜のある〈名詞〉」や「〜をもつ〈名詞〉」のように、with は「〜と一緒に」の意味の他にwith の本質である「所有・携帯」を示すことができます。

❷「出身」を表す from

from という前置詞、これを耳にすれば「〜から」という意味を連想される方が多いのではないでしょうか。はい、正解です！ ここから派生して「出身」、「原因」、「由来」について説明する際に使うことができるとても便利な表現です。

Many Japaneses students are interested in interacting with people with diverse values from different countries.
多くの日本人学生は多様な価値観を持つ外国人と交流することに関心があります。

⇒この from は人の話をしているので「出身」ですよね。with の復習もできましたよね。

Fatalities from traffic accidents have been declining for the past few years.
交通事故による死亡率は、ここ数年減少傾向にあります。

❸「特徴」「性質」を表す of

日本語ではよく「〜の」と訳すと思いますが、実は、この of もライティングでは有効に活用することができます。この of は、直前の名詞をどのような特徴、性質があるのかを説明する際に用います。❶の with「所有・携帯」と区別して覚えましょう。

Kyoto is a city of considerable historical interest.
京都は歴史的にとても興味深い街です。

Students should interact with people of different ages.
学生は様々な年齢の人たちと交流するべきです。

❹「状況」を表す in

　社会派のライティングの場面で良く用いる前置詞in。元々、「〜の中に、〜の中で」という場所を指し示しますが、ここでは、「〜な状態の中にいる」と考えれば「〜な状態」という意味になるのは、容易に想像できるかと思います。inが持つイメージの通り、「ある状態、時間的な広がりの中で包まれている」感じです。一例を下の通りまとめてみました。パターン化したものとして覚えてしまいましょう。

- people in need「援助を必要としている人々、生活に困っている人々」
- people in a hurry「急いでいる人々」
- people in a variety of fields.「様々な分野の人々」
- people in all types of employment「あらゆる職種の人々」
- people in regions without doctors「医者のいない地域に住む人々」
- people in search of employment「求職者」
- people in their early 20s「20代の人々」

| 演習 | 前置詞＿＿＿＿＿＿を使って名詞を説明しよう |

1. 次の日本文に合うように、空欄に適切な前置詞を入れ英文を完成させましょう。

❶様々な人種・民族の人々

people ＿＿＿＿＿＿＿＿＿ different races and ethnicities

❷免疫系の働きが低下している人々

people ＿＿＿＿＿＿＿＿＿ a poorly functioning immune system

❸問題を抱えている人々

people ＿＿＿＿＿＿＿＿＿ a problem

❹外国人

people ＿＿＿＿＿＿＿＿＿ different countries

2. 次の日本語を英語に直しましょう。

❶個性や興味関心が異なれば、時間の過ごし方も異なります。

_____

❷様々な背景をもった外国人と交流することは、子供たちの英語力向上に役立ちます。

_____

❸(私たちは)公共の場では、様々な障害をもった人々のことを考慮する必要があります。

_____

❹医者のいない地域に住む人々に医療サービスを提供することは急務です。

_____

> **語群**
> - different personalities and interests 「異なる個性あるいは関心」
> - in different ways 「異なる方法で」
> - help 人 + to 動詞の原形 「(主語は)人が〜するのを助ける」
> - improve **動**「〜を向上させる」 ・in public places 「公共の場では」
> - a variety of〜 「様々な」 ・disabilities **名**「障害」
> - take〜into consideration 「〜を考慮する」 ・urgently necessary 「急務な」
> - provide 物 to 人 「人に〜を提供する」 ・medical services 「医療サービス」

言い換えをするにはこの4つ

　論述している間に、もっと簡単な言葉で言い換えることができる場合があります。その場合には、まず先に比較的難しい内容を述べ、その後で簡単な言葉で言い換えます。こうすることで、読者の理解度を上げることができます。読者が理解できないことは致命的ですので、少し単純な言葉で伝えないとわかりづらいと思うときは、下にある言い換え表現を使って、言い換えましょう。ただし、多用は禁物です。

❶ This means that 主語＋動詞

　この表現では、直前の文の内容を受け、それを新しい主語と動詞で言い換えます。例えば、まず「日本では女性の社会での地位が低いです。」と述べたあと、それに続けて

This means that women in Japan are less likely to hold managerial positions in companies, organizations, and politics.
つまり、日本の女性は、会社や、組織、政治の場において管理職に就く可能性が低いです。

のように、具体的に説明して言い換えることができます。

❷ In other words, 主語＋動詞

　この表現も、直前の文の内容を受け、それを新しい主語と動詞で言い換えます。例えば、「知恵は一朝一夕には得られません。」と述べた直後、次のように説明して言い換えられます。

In other words, students need to review what they have learned repeatedly.
言い換えると、学生は学んだことを繰り返し復習する必要があります。

20の表現ツールでゼロから書ける！

どんどん
英語ライティング

第**1**部
20の表現ツールを試してみよう
ライティング表現学習編
演習 模範解答

幻戯書房

20の表現ツールを試してみよう
ライティング表現学習編 演習 模範解答

表現ツール1

---

p.023

1.

❶ have
❷ let
❸ made
❹ have

2.

Many schools in Japan have been trying to encourage their students to become more independent. For example, in social studies, some teachers do not give their students any specific worksheet, but instead, they (① have) their students work in pairs or in groups, discuss something and share their ideas in class. They (② let) their students even go outside of the classroom to gather necessary information on a given topic if they wish to do so. Some students feel reluctant to work individually, but these small-group activities help (③ make) those types of students participate actively. In this way, the class is more productive and successful for both students and teachers.

〈訳〉
日本の多くの学校では、生徒の自立を促す取り組みが行われています。例えば、社会科では、特定のワークシートを生徒に与えるのではなく、2人組やグループで作業をさせ、クラスで何かについて話し合い、自分の考えを共有させる先生もいます。また、生徒が希望すれば、与えられたテーマについて必要な情報を収集するために教室の外に出ることも許可します。個人で活動することに抵抗を感じる生徒もいますが、このような少人数での活動は、そのような生徒を積極的に参加させるのに役立っています。そうす

ることで、生徒にとっても教師にとっても、より生産的で成功した授業になるのです。

表現ツール2

p.026-027

1.

❶ allow
❷ make / possible
❸ be able to

2.

❶ The good weather allowed us to enjoy the fantastic scenery.
❷ This software enables companies to track website visits and usage.
❸ We were able to reach our goal of one million yen thanks to the donations from the public.
❹ The expansion of the runway will enable jumbo jets to land.

表現ツール3

p.030

1.

❶ This earthquake will have a negative influence [effect / impact] on the economy in the future.
❷ Your learning attitude in class will have a bad influence [effect / impact] on your grades.
❸ Higher taxes can seriously influence [affect / impact] savings and investment.
❹ Increased competition worldwide has influenced [affected / impacted] the company's view on quality control.
❺ Climate change has already influenced [affected / impacted] ecosystems.

p.034

1.

❶ This heart-shaped logo makes this T-shirt unique.

❷ Some people prefer to make it clear that something is right or wrong.

❸ His comments at the press conference made people angry.

❹ Three-day snowfall caused [led] all the trains to stop running.

❺ Inappropriate handling can probably lead to many complaints.

表現ツール5

p.038-039

1.

❶ There is an increase in the number of computer programming classes.

❷ These days, in Osaka, fewer people drive to work.

❸ There has been a drastic decrease in the number of smokers in Japan, but the number of smokers worldwide has been increasing.

❹ We have to do everything possible to reduce the amount of carbon dioxide in the atmosphere.

表現ツール6

p.042-043

1.

❶ It is difficult to find time to do all (that) you would like to do.

❷ Some people have a hard time expressing their ideas in words.

❸ There are some young people who have difficulty recognizing the practical value of what they are learning in school.

❹ Many people <u>find it difficult to quit</u> smoking.

表現ツール7

p.046-047

1.

❶ <u>First,</u> starting to learn English at an early age prevents children from acquiring their native language.

❷ <u>First of all,</u> recycling is bad for the environment in a long run.

❸ <u>The first point I would like to make is that</u> we can solve the labor shortage problem by accepting immigrants.

❹ <u>One of the benefits of electronic books is that</u> you don't have to carry around heavy books.

❺ <u>One of the benefits of renting an apartment is that</u> you can move whenever you like.

表現ツール8

p.050-051

1.

❶ <u>Second,</u> presentation skills will become useful when students find jobs in the future.

❷ <u>Second of all,</u> personal connections help you get a job.

❸ <u>Moreover,</u> museums have a lot of educational values.

❹ <u>Also,</u> reading improves children's imagination.

❺ <u>In addition,</u> students can learn the importance of money.

2.

❶ 第二に、自分を理解することほど大切なことはありません。

❷ また、誰かに教わることよりも、自分で学ぶことの方が大切です。

❸ また、やり方がわかることと、実際にできることは別物です。

p.054-055

1.

❶ In generanl, there is more traffic in urban areas than rural areas.

❷ Generally speaking, uniforms are more expensive regular clothes.

❸ Japanese trains generally arrive on time.

❹ On the whole, people stay home on rainy days.

❺ It is commonly said that walking is good for one's health.

❻ It is generally believed that smoking is one of the causes of lung cancer.

p.058-059

1.

❶ Children are more likely to be influenced by violent movies.

❷ If people stop wearing masks, it is more likely that they will get sick.

❸ Big businesses are less likely to go bankrupt.

❹ It is less likely that people in developed countries do not have access to clean water.

❺ People tend to take peace for granted.

p.062-063

1.

❶ Okinawa [Prefecture] used to belong to the U.S. in the past.

❷ These days, some people say that high school students should learn another foreign language in addition to English.

❸ The two countries used to have a good relation.

❹ I used to be out of shape before starting to get some exercise regularly.

❺ Air pollution isn't such a big problem as it used to be.

❻ Many people used to use paper dictionaries.

❼ There used to be a lot of parks in cities.

❽ Many children would often play with their friends there.

表現ツール12

p.066-067

1.

❶ which offers

❷ where children

❸ when

2.

❶ We need to choose a leader who people respect.

❷ I remember a teacher who treated every student equally.

❸ He wants to get involved in activities which help local people.

❹ I want to go to a country where I can express myself freely.

表現ツール13

p.070-071

1.

❶ In conclusion, it is difficult to start learning English before elementary school.

❷ For these reasons, it is important for people to try not to use too much electricity.

❸ In summary, I think (that) more schools will be using digital textbooks in the future.

❹ In closing, I believe that parents should limit the amount of time (that) their children spend using the Internet.

⑤ <u>To summarize</u>, I don't think smoking should be allowed in public places.

⑥ <u>For the reasons mentioned above</u>, the Internet has many good points.

表現ツール14

p.075

1.

❶ We can help many foreigners <u>by using</u> simple Japanese.

❷ Parents tell their children to carry a smartphone, <u>and in this way,</u> they can keep them safe.

❸ More raw materials will have to be imported, <u>and this will increase</u> the cost of production.

❹ Overwork can <u>lead to</u> depression.

❺ <u>Thanks to the Internet,</u> we can do (the) shopping from home.

表現ツール15

p.078-079

1.

❶ of

❷ with

❸ with

❹ from

2.

❶ <u>People with different interests</u> spend their time in different ways.

❷ Interacting <u>with people with different backgrounds from different countries</u> helps children improve their English skills.

❸ We need to take <u>people with a variety of disabilities</u> into consideration in public places.

❹ It is urgently necessary to provide medical services to <u>people in the regions</u> <u>without doctors.</u>

表現ツール16

p.082-083

1.

❶ Young people do not vote. <u>This means that</u> their opinions will not be heard.

❷ The environment belongs to no one. <u>In other words,</u> each of us is responsible for protecting it.

❸ Every year many tourists visit Mr. Fuji, one of the World Heritage sites.

❹ Children need friends, <u>that is,</u> people who they can trust.

❺ Some people lack nutrition; <u>that is,</u> they do not have enough food to live.

表現ツール17

p.086-087

1.

❶ <u>While</u> new computers have several USB slots, older ones only had one.

❷ Most parents want to talk more with their children, <u>but on the other hand,</u> most children don't like their parents interfering.

❸ The two countries have more in common than what they have <u>in contrast</u>. That is why they are close to each other.

❹ Some people enjoy watching TV, <u>but in [by] contrast,</u> others spend more time using social media such as Twitter and YouTube.

p.090-091

1.

❶ Fewer people consider working long hours a virtue.

❷ Students should work on harder tasks.

❸ Consumers should be more careful when they shop.

❹ Japan is not as affluent as we think.

❺ The longer a problem is left unsolved, the more difficult it will be to solve the problem.

p.094

1.

❶ I need to raise two convincing points.

❷ Japan has many highways connecting two or more major cities.

❸ Concerned parents often call the school.

❹ Two points mentioned above support my argument.

p.098-099

1.

❶ For instance, students have to pay for textbooks as well as tuitions.

❷ An example of infectious diseases is influenza.

❸ Examples of natural disasters include earthquakes.

❹ Connections are an example of what students can get through internships.

❺ Fruits such as oranges are high in sugar.

❻ It is difficult to learn computer skills, <u>including programming,</u> in the classroom.

❼ Japan accepts students from <u>many countries including Asian countries.</u>

❸ 名詞, 名詞（句）,

　この表現では、直前に述べた名詞の説明を直後にするときに使います。名詞が主語の場合は、言い換えの言葉をコンマ（,）で挟み、その名詞がとる動詞の前に置きます。例えば、「**野球、日本で一番人気があるスポーツの1つは、よく高校でプレイされます。**」は、

Baseball, one of the most popular sports in Japan, is often played in high school.

となります。説明したい名詞が文末の場合は、後ろのコンマ（,）をピリオド（.）に置き換えて、次のように表現することができます。

What is often played in high school is baseball, one of the most popular sports in Japan.

　訳をするときには、よく「○○である△△」のようになります。

❹ ,that is (to say),

　この表現は、直前に述べた内容を言い換えたり、簡単に説明するときに使います。言い換える内容が名詞の場合は、that is の前後をコンマ（,）で挟み、言い換える内容が文の場合は、セミコロン（;）とコンマ（,）で挟みます。例えば、「**成人、つまり18歳以上の人投票権があります。**」は、

Adults, that is, people over 18 or older have the right to vote.

となり、「**子供は、精神的に成熟していない、つまり、環境が簡単に彼らに影響を与えてしまいます。**」は、

Children are not mentally mature; that is, the environment easily influences them.

となります。

言い換えをするには＿＿＿＿＿＿の表現？

1. 次の日本語を英語に直しなさい。

❶若者は投票しません。つまり、彼らの意見は聞かれないのです。
（➡「This means that」を使って）

_____

❷環境は誰にも属しません（＝環境は誰のものでもありません）。つまり、私たち一人一人が環境を保護する責任がある。（➡「In other words」を使って）

_____

❸毎年多くの旅行客が世界遺産の1つである富士山を訪れます。

_____

❹子供たちには友達、つまり彼らが信頼できる人が必要です。（➡「that is」を使って）

_____

❺栄養が足りていない人もいます。つまり、彼らは生きるための食糧が足りていません。
（➡「that is」を使って）

_____

対照・対比を表す4つの表現

　論説文を記すときは、文と文をつなぐ、または段落と段落をつなぐ表現を適切に理解する必要があります。今回は「対照・対比」の表現について見ていきたいと思います。

　まず、言葉の意味を確認します。

　「対照」、「対比」とは、ある事柄を他と照らし合わせ、つき比べることです。

　2つの事実や事柄を比べ合わせることで、その違いや特徴をはっきりさせます。

　日本語で考えると、「**～に対し**」、「**一方で**」、「**他方で**」、「**対照的に**」、「**逆に**」などがあります。

　では、それに呼応する英語の「対照・対比」の表現をいくつかみていきましょう。

❶ while [whereas]

　これらは接続詞なので、文法的に文と文を接続することができます。主節を先にもってくることもできれば、従属節を先にもってくることも可能です。そして、次のように接続詞が文頭にくる場合は、コンマ(,)をつけます。

While the city spent a huge amount of money on its museum and stadium, they haven't taken better care of those facilities.
市は博物館や競技場建設に多額のお金を投じた一方で、その管理は、しっかりできていません。

Most schools in the north of this region tend to be well equipped, while those in the south are relatively poor.
この地域の北部にあるたいていの学校は設備が充実していますが、その一方で南部の学校は比較的乏しいです。

The old system was quite complicated, whereas the new one is very simple and easy to use.
その古いシステムは非常に複雑でしたが、それとは対照的に新しいのはシンプルで使いやすいです。

文中で接続詞を用いる場合は、通例はコンマ(,)をつけませんが、この「対照」、「対比」のwhile, whereasを用いる場合は、文中であってもコンマ(,)を添えられることが多いのも特徴です。

❷ on the other hand,

この表現は副詞句なので、意味的には相関関係にあっても、文法的には2つの事実や事柄を接続することはできません。ゆえに、butなどの接続詞を用いるか、前文をピリオド(.)で終えてから、この表現を使用することになります。

The population of Japan has been decreasing, but on the other hand, that of India has still been increasing.
日本の人口は減ってきていますが、その一方でインドの人口は増え続けています。

The population of Japan has been decreasing. On the other hand, that of India has still been increasing.
日本の人口は減ってきています。その一方でインドの人口は増え続けています。

❸ in [by] contrast

この表現も副詞句なので、意味的には相関関係にあっても、文法的には2つの事実や事柄を接続することはできません。ゆえに、butなどの接続詞を用いるか、前文をピリオド(.)で終えてから、この表現を使用することになります。

The government has always been lacking financial resources. In [By] contrast, the private sector has plenty of money to spend.
政府はいつも財源が不足しています。それとは対照的に、民間企業は十分な資本があります。

❹ conversely

「逆に」という意味の副詞です。副詞なので意味的には相関関係にあっても、文法的には2つの事実や事柄を接続することはできません。通例、前文をピリオド(.)で終えてから、この表現を使用します。

Music helps some people feel relaxed. <u>Conversely,</u> it can also distract others.

音楽は人がリラックスするのに役立ちます。<u>逆に</u>それはまた、人の集中を妨げることもあります。

Nanako is chatty and funny. <u>Conversely,</u> Takeko is solemn and quiet.

ナナコはおしゃべりで面白い人です。<u>逆に</u>タケコは物静かで無口です。

　複数の事柄を対照・対比して述べる際、ここまで取り上げてきた4つの表現と共に用いることが多いのが、**some people / others** を使った表現です。「**〜する人もいれば、...... な人もいます**」といった意味で用いることができます。

<u>Some people</u> regularly exercise after school or work even if they are tried, while <u>others</u> make excuses to avoid exercising.

疲れていても、学校や仕事の後に定期的に運動している<u>人もいれば</u>、言い訳をして運動を避けている<u>人もいます</u>。

演習 ## 対照・対比は_____?

---

1. 次の日本語を英語に直しなさい。

❶新しいパソコンはUSBスロットが複数ありますが、以前のものは1つしかありませんでした。
（➡「while」を使って）

---

❷たいていの親は子どもともっと話したいと思っていますが、子どもは親に干渉されたくありません。（➡「on the other hand」を使って）

_____

❸その2ヵ国は共通点のほうが相違点よりも多いです。だから（その2ヵ国は）親しい関係です。（➡「in contrast」を使って）

_____

❹テレビを楽しむ人もいれば、TwitterやYouTubeなど、SNSにより時間を割く人もいます。（➡「some people / in [by] contrast」を使って）

_____

語群

- parents interfering 「親の干渉」
- be close to each other 「お互いに親しい」
- use social media 「SNSを使う」
- worldwide （副）「世界規模の」

表現ツール 18
比較するときの more の使い方

　ライティング問題では、「○○したほうがいいと思いますか」、「○○は増えると思いますか」や、「○○に賛成ですか」のような問題が多いです。こういった質問に対する自分の意見を述べるときには、提案されていることをした場合としない場合、過去と現在、現在と未来等を比較することがあります。ここでは、自分の主張を固めるための、比較表現をマスターしましょう。

❶ more 名詞

　この表現を使って過去と比べての現在、現在と比べて未来の数・量の増加、または地域・場所・条件による数・量の差を述べることができます。例えば、「**最近では、より多くの人が健康に気を使います。**」は、過去と比べて健康に気を使う人が現在増えているということなので、

More people care about their health these days.

となります。可算名詞の場合は複数形に、不可算名詞の場合はそのままの名詞を使います。逆に、数・量の減少を述べるときは、**fewer 名詞**、もしくは **less 名詞** となります。

❷ 形容詞-er/ more 形容詞+名詞

　❶の表現は、名詞の数・量の差を述べましたが、この表現を使うと、状態の変化・差を述べることができます。例えば、「**より安い労働力**」は cheaper labor、「**より環境にいい製品**」は more environmentally friendly products となります。同様に、状態の変化・差の方向が下がる場合には、**less 形容詞+名詞** となります。

❸ 動詞 more 副詞

　この表現を使うと動詞を説明する副詞の程度・度合いがより高い、と述べることができます。

例えば、「**より簡単に情報を得る**」は get information more easily となり、その度合いが低いと言う場合には、less を使うので「**(比べて)情報をそこまで簡単には得られません。**」は get information less easily となります。

❹ not as 形容詞 / 副詞 as ～

この表現は、比較級が入っていませんが、「～と比べて○○ではありません」「～ほど○○ではありません」と言いたいときに使います。例えば、「**相撲は野球ほど人気がありません。**」は、

Sumo is not as popular as baseball.

となり、「**高齢の人は、若い人ほど単語を素早く覚えられません。**」は、

Older people cannot memorize words as quickly as young people.

となります。

❺ the 比較級＋主語＋動詞, the 比較級＋主語＋動詞

この表現は、1つの動作や状態の変化に伴い、もう一方の動作や状態が変化する、と言いたいときに使います。例えば、「**宿題が多ければ多いほど、学生はストレスを感じるようになります。**」は、

The more homework students have, the more stressed out they will become.

となります。

1. 次の日本語を英語に直しなさい。

❶長時間労働を美徳だと考える人は（以前と比べて）少ないです。
（➡「fewer」を使って）

_____

❷学生はより難しい課題に取り組むべきです。

_____

❸買い物をするときは、消費者はもっと慎重になるべきです。

_____

❹日本は私たちが思っているほど裕福ではありません。

_____

❺問題は未解決のまま放置すればするほど、解決するのが難しくなります。

_____

> **語群**
> ・consider A as B 「AをBと考える、AをBとみなす」
> ・virtue （名）「美徳」
> ・work on ～ 「～に取り組む」
> ・task （名）「課題」
> ・consumer （名）「消費者」
> ・shop （動）「買い物をする」
> ・affluent （形）「裕福な」
> ・leave a problem unsolved 「問題を未解決のまま放置する」
> ・solve （動）「～を解決する」

分詞を使って名詞を説明するとこうなる

　英文の中では様々な品詞が使われていますが、その中でも、とりわけ重要なのは名詞と動詞ではないでしょうか。名詞は、その文の主役（主語）ともなりますし、また動作の対象（目的語）ともなります。しかし、名詞一語で伝えたい人物・事物を表すことができるのはまれです。ですから、その名詞を説明する語句が必要となります。今回は、動詞の現在分詞(-ing)や、過去分詞(-ed)を使って名詞を説明する方法について学びましょう。

❶ 動詞の現在分詞＋名詞

　この表現では、名詞の前に、その名詞を説明する動詞の現在分詞を置きます。このとき、動詞の現在分詞と名詞の間には、何も語句が入りません。意味は、「〜している〈名詞〉」となります。例えば、「共働きの親」は、「働いている」と「両親」という語句で成り立っているので、**working parents** となります。同じく、「走行中の車両」は **moving vehicle**、「成長途中の子どもたち」は **growing children** となります。

❷ 動詞の過去分詞＋名詞

　この表現では、名詞の前に、その名詞を説明する動詞の過去分詞を置きます。このとき、動詞の過去分詞と名詞の間には、何も語句が入りません。意味は、「〜された〈名詞〉、〜した〈名詞〉」となります。例えば、「知識のある消費者」はつまり、「情報を与えられた消費者」なので **informed consumers** に、「退職した人たち」は **retired people**、「盗まれたお金」は **stolen money** となります。

❸ 名詞+動詞の現在分詞+その他の語句

　この表現では、**名詞を説明する動詞の現在分詞を名詞の後ろに置きます**。そして、その場合は、必ず、動詞の現在分詞には付随するその他の語句がついています。例えば、「長時間労働をする両親」は parents working long hours となります。「共働きの両親」のときはworking parents でしたが、「長時間」という語句が加わると、動詞の現在分詞は、名詞の後ろに置かなくてはいけません。もう1つ例を挙げておきましょう。「速い速度で走行中の車両」は vehicle moving at high speed となります。

❹ 名詞+動詞の過去分詞+その他の語句

　名詞を説明する動詞が過去分詞のときも同じです。動詞以外に、その名詞を説明する語句が付随する場合は、**名詞の後に動詞の過去分詞とその他の語句を置きます**。例えば、「製品について知識のある消費者」は customers informed about the product となり、「教職から引退した人たち」は people retired from a teaching job となります。

分詞を使って名詞を説明すると?

1. 次の日本語を英語に直しなさい。

❶私は説得力のあるポイントを2点挙げる必要があります。

_____

❷日本には、2つ以上の大都市を結ぶ高速道路がたくさんあります。

_____

❸心配している親は、よく学校に電話をかけます。

_____

❹上で述べた2つのポイントは私の主張をサポートしています。

_____

コラム 単語の覚え方③「接頭辞」

　最後に語彙力を高める3つ目のアプローチの紹介になります。今回は、接頭辞［接頭語］についてみていきたいと思います。

接頭辞［接頭語］は、単語の品詞を見極めるヒント

　英語の単語は、パーツごとに分解をすることで、ある程度、その単語の意味や文の中でのその単語の役割や品詞を推測し、理解することができます。接頭辞［接頭語］とは、unhappy「不幸な」の un- や cooperation「協力」の co-、のように、語の前につくものを指します。**un- が付くと否定的で逆の意味を表し、co- は「共に」「一緒に」といった意味を含みます。**ですから、un- を取ると happy「幸せな」となり、逆の意味を表す語になります。そして、cooperation と同じく、company「会社」、communication「コミュニケーション」, community「共同体」、coworker「同僚」、co-pilot「副操縦士」など、**co- がつくと他の誰かと「一緒に」何かをする、する人を表す語になる**ことが理解できます。他にも、**e- が付くと「電子の」という意味が付加され**、e-book「電子書籍」、email「E メール」、ecommerce「電子取引」などが、その例としてあげることができます。また、**de- が付く語は「反転動作」や何かを取り除くような意味を表すことが多く**、deforest「［地域や森林の樹木を］切り払う」、deregulate「［〜の］規制を撤廃［解除］する」、decrease「が減少する」が、その一例として挙げられます。

　無論、一部例外はありますが、英文を読んで理解するとき、こういった知識が、英文の構造を正確に把握し、その意味を見極める上では、とても重要な知識と言えるでしょう。そして、単語を覚える上でもきっと役立つことかと思います。そして、この接頭辞［接頭語］についても、他にもたくさん存在します。インターネット等で検索すれば、簡単にその一覧を確認することができます。英語能力を測定する試験は数多く存在し、その出題形式も多種多様ですが、いわゆる長文読解や本書が目的としている自由英作文を実践していく上でも、語彙の知識はその根幹を担っていることを踏まえ、少しずつ、着実に、継続して覚えていく習慣をつけましょう。さて、皆さんの単語の覚え方はどんな感じですか？

例を挙げるのは、example だけじゃない

　トピックセンテンスの補足説明では、具体例を挙げることがあります。具体例を挙げることで、抽象的であったアイデアが伝わりやすくなります。論述する場合は、具体例は自分の実体験よりも、できるだけ一般的な事柄にしましょう。例えば、「ライフワークバランスを気にする人が多い」というトピックセンテンスのあるパラグラフの中で、「例えば私もアルバイトでは残業をしない」というよりも、「例えば、最近では、残業をしない人が増えている」のように、視野を自分から一歩下がって、書いてみましょう。では、ここでは、例を挙げる表現をみていきましょう。

❶ For example, / For instance,

　例を挙げる、となるとこの表現が一番なじみ深いです。どちらの場合も、後ろにコンマ(,)をつけ忘れないように注意し、書く内容が本当に直前で述べたポイントの例になっていることを確認しましょう。例えば、「**サッカーをするときは、子どもたちは、最低でも１０人とコミュニケーションを取らなくてはいけません。**」をこの表現を使って表すと、

　<u>For example,</u> children have to communicate with at least ten people when they play soccer.

　となりますね。そしてこの場合、この例の直前にあるアイデアを説明する一文はChildren can learn how to communicate with others through sports.「子供たちはスポーツを通して、コミュニケーションの仕方を学ぶことができます。」などが想定できます。

❷ Examples of 名詞 include

　この表現は、日本語にすると、「〈名詞〉の例には〜などがあります」となります。例えば、「**彼らが学ぶことができるスキルには、コミュニケーションスキルなどがあります。**」をこの表

現を使って表現すると、

Examples of skills they can learn include communication skills.

となります。また、「このような〈名詞〉の例には〜などがあります」としたときには、**Examples of such 名詞 include** となります。

❸ An example of 名詞 is

この表現は、「〈名詞〉の1つの例は〜です」と言いたいときに使います。例えば、「**彼らが学ぶことができるスキルの1つはコミュニケーションスキルです。**」と言うときは、

An example of skills they can learn is communication skills.

となります。**後ろの名詞は、可算名詞の場合はsを付けて複数形に、不可算名詞の場合はそのままの形にします。of の後ろが名詞の複数形であっても、an example なので、be 動詞はis となります。** それとイコールの関係にあるis以降の部分ですが、塊としてスキルセットを見ているので、skills となります。

❹ ○○ is / are an example of 名詞

❸の表現と似ていますが、この表現は、「**○○は〈名詞〉の一例です**」という意味になります。❸と同じく、「**彼らが学ぶことができるスキルの1つはコミュニケーションスキルです。**」をこの表現を使って表現すると、

Communication skills are an example of skills they can learn.

となります。

今回は、主語が communication skills となっているので、be 動詞は are を使用しました。それを塊として、一例だ、と言っているので、an example と結ぶわけです。

❺ 名詞 such as 名詞

　この表現は、前の文のアイデアの例を挙げるのではなく、同じ文中で例を挙げるときに使います。例えば、「**サッカーのようなスポーツ**」と言いたいときには、sports **such as** soccer、また「**クラブ活動のような、学業以外の活動**」は、extracurricular activities **such as** club activities となります。大きな区分(スポーツ、学業以外の活動)が前に来て、その具体例が後ろにきます(サッカー、クラブ活動)。

❻ 名詞, including 名詞,

　この表現は「〈**名詞**〉を含む〈**名詞**〉」を主語に使いたいときに使います。例えば、「**サッカーを含む団体スポーツは人気があります**」は、Group sports, **including** soccer, are popular となります。includingの前にコンマ(,)を、そして、後ろの名詞の後にもコンマ(,)をつけます。

❼ 名詞, including 名詞.

　この表現は**文末で例を挙げるとき**に使います。文末なので、includingの前にコンマ(,)を、文末なので後ろのコンマはなくなり、ピリオド(.)を記します。例えば、「**神社や寺を含むたくさんの史跡があります。**」は、There are a lot of historic sites, **including** shrines and temples. となります。

| 演習 | **例を挙げるのは、＿＿＿＿＿＿だけじゃない？** |

---

1. 次の日本語を英語に直しなさい。

❶例えば、学生は授業料に加え、教科書も購入しなくてはなりません。

❷感染症の例にはインフルエンザなどがあります。

_____

❸自然災害の1つの例は地震です。

_____

❹人脈は学生がインターンシップを通して得られるものの一例です。

_____

❺オレンジのようなフルーツは糖分が高いです。

_____

❻プログラミングを含むパソコンスキルは、授業の中では学びにくいです。

_____

❼日本はアジア諸国を含む多くの国々から留学生を受け入れています。

_____

> **語群**
> - infectious disease「感染症」
> - natural disaster「自然災害」
> - personal connection「人脈」
> - accept 動「〜を受け入れる」
> - influenza 名「インフルエンザ」
> - earthquake 名「地震」
> - be high in sugar「糖分が高い」

20の表現ツールを
試してみよう！
──ライティング実践編

CASE 1

アルバイト

質問：Do you think it is a good idea for students to have a part-time job?

　「学生がアルバイトをすることは良いことか否か」という問題です。賛否両論あるかと思いますが、今回は、「アルバイトをするべき」という立場で意見を展開していきましょう。

　では、まず理由を列挙してみましょう。

◉学生がアルバイトをするメリット
　❶良い経験になる
　❷自分自身の自信につながる

　では、この2つのポイントを踏まえて、論述展開していきます。

　まず、アルバイトをするメリットって何でしょう。学校とは異なる環境下で何ができるかを考えてみましょう。様々な年齢や背景をもった人たちと肩を並べて、仕事をしている姿が目に浮かびますよね。1つ目のポイントは**良い経験になる**、と述べることができます。実際の仕事の世界で責任を果たすことや、時間管理、そして様々な年齢で様々な背景を持ち合わせた人との関わり方を学ぶことができるからです。そして、その後ろにある根拠や理由をサポートセンテンスで説明していきます。そして、2つ目のポイントは、**自分自身の自信につながる**、と展開できます。

　様々な業務をこなし、その責任を果たし、周りから認められることで、その活躍は自己肯定感の向上や、「働く」ということに対して前向きになれるからです。

　まずは、自分の主張を述べます。今回のThesis statementは「学生がアルバイトをすることは良いこと」としてみましょう。

I think _____

_____

_____

次に、1つ目のトピックセンテンスを書きます。

表現ツール7：1つ目のポイントを述べるにはFirstと… で学んだ「❶ First,」

表現ツール2：「〜できる」はcan / be able to だけじゃない で学んだ「❶ 助動詞can / be able to 動詞の原形」

以上の表現ツールを使って、次の文を書いてみましょう。

まず、学生はアルバイトを通して良い経験ができます。

_____

_____

_____

_____

_____

次になぜアルバイトを通して良い経験ができるかを考えます。それは実際の仕事の世界で責任を果たすことは、時間管理、そして様々な年齢で様々な背景を持ち合わせた人との関わり方を学ぶことができるからですよね。

表現ツール20：例を挙げるのは、exemple だけじゃない で学んだ「❷ Examples of 名詞 include」

表現ツール19：分詞を使って名詞を説明するとこうなる で学んだ「❹名詞＋動詞の過去分詞＋その他の語句」と「❸名詞＋動詞の現在分詞＋その他の語句」

表現ツール15：前置詞 with, from, of, in を使って名詞を説明する で学んだ「❸「特徴」「性質」を表す of」と「❶「所有」「携帯」を表す with」

以上の表現ツールを使って、サポートセンテンスを書いてみましょう。

アルバイトをしている高校生に行った調査によると、その恩恵の例には、実際の仕事の世界で、責任を果たすこと、時間管理、そして年齢の異なる様々な背景を持ち合わせた人々との働き方を学ぶことなどがあげられます。

According to _____

_____

_____

_____

_____

そして今回は、さらに補足するセンテンスを加えて、先に述べたサポートセンテンスをさらに補強します。学校ではなかなか難しい、世代を越えた横断的な人間関係が持てることが大きな魅力ですよね。

　　表現ツール15：前置詞with, from, of, in を使って「名詞」を説明する　で学んだ「❸「特徴」「性質」を表す of 」

　　表現ツール17：対照・対比を表す4つの表現　で学んだ「❷ on the other hand, 」

以上の表現ツールを使って、次の文を書いてみましょう。

彼らは同年代の生徒と交流することで、授業中に様々な考えや意見を交換できるのは事実ですが、しかしその一方で異なる年齢層の人たちと同じことをする機会はほとんどありません。

It is true that _____

_____

_____

_____

_____

_____

_____

_____

_____

_____

ここまでで、1つ目のポイントが書けましたね。

では、2つ目のポイントです。

ポイントは、「自分自身の自信につながる」です。

　　表現ツール12：関係詞which, who, where, when を使って名詞を説明しよう　で学んだ「❸ 名詞 who 動詞」

　　表現ツール2：「～できる」はcan/be able toだけじゃない　で学んだ「❶ 助動詞 can / be able to 動詞の原形」

以上の表現ツールを使って、トピックセンテンスを書いてみましょう。

さらに、アルバイトをしている学生は自分自身の自信を築くことができます。

_____

_____

_____

_____

_____

　では、なぜ自分自身に自信を持つことができるのか、を述べなくてはなりません。「仕事を上手くこなすことで「自信がつくから」、と言いたいところですが、ここでは、自己肯定感が高まるとしましょう。そうすることで、「自信」という言葉の繰り返しの使用を避けることができます。

　表現ツール20：例を挙げるのは、exempleだけじゃない で学んだ「❶ For example, / For instance,」

　表現ツール14：原因と結果を表す6つの表現 で学んだ「❶ 主語＋動詞, and in this way, 主語＋動詞」

　以上の表現ツールを使って、サポートセンテンスを書いてみましょう。

**　例えば、仕事を上手にこなし、さらに責任を担うことで、彼らの自己肯定感は高まります。**

_____

_____

_____

_____

_____

_____

　そして、この自己肯定感が高まることで、さらにどういう効果、変化が得られるのかについて述べましょう。自分自身に対して抱く評価や自尊心が高まれば、気持ちも前向きとなり、それがやがて自分の能力を信じることができるようになるのではないでしょうか。

　表現ツール2：「〜できる」はcan / be able toだけじゃない で学んだ「❷ allow 人 to 動詞の原形」

　表現ツール14：原因と結果を表す6つの表現 で学んだ「❷ 主語＋動詞, and in this way, 主語＋動詞」

　表現ツール4：「主語」が状況を変化させるmake で学んだ「❷ cause[lead] 人 / 物 to 動詞の原形」

以上の表現ツールを使って、サポートセンテンスを補強する文を書いてみましょう。

それはまた、働くことに対して前向きな気持ちを伸ばすことができ、そしてこのようにして、職場での多くの様々な経験が、自信を持って自分のことをもっと語れるようにしてくれるのです。

_____

_____

_____

_____

_____

_____ .

それでは、最後の結びの文です。冒頭の主張では、「it's a good idea to 動詞の原形」の構文を用いたので、「学生」を主語にして少し変化を加えてみましょう。

表現ツール13：結論を述べる In conculsion と他の表現 で学んだ「❶ In conclusion, 」

表現ツール12：関係詞 which, who, where, when を使って名詞を説明しよう で学んだ「❷ 名詞 which 主語＋動詞」

以上の表現ツールを使って、次の文を書いてみましょう。

結論として、学生はアルバイトをして学校ではできない経験を得るべきだと私は思います。

_____

_____

_____

_____

_____

では、次は、アウトラインを見て、全文を書いてみましょう。

▌学生はアルバイトをするべきだ

❶良い経験になる

なぜ？

- 様々な恩恵がある→責任を果たすこと、時間管理、いろんな人との出会い
- 学校での学び vs. アルバイトを通しての学びの相違
                    ↓
        異なる年代の人と交流できる

❷自分自身の自信につながる

なぜ？
- 様々な仕事をこなし、さらに責任を担う→自己肯定感が高まる
                    ↓
働くことに前向きな気持ちを伸ばす → 職場での様々な経験が自信を育む

最後にここでもう一度回答を振り返ってみましょう。

I think it's a good idea for students to work part-time. First, students can have a good experience through part-time work. According to some research conducted on students working part-time, the examples of such benefits include learning how to handle responsibilities, manage time, and interact with people of different ages with different backgrounds in the real working world. It is true that they can exchange different ideas and opinions in class by interacting with students of the same age, but on the other hand, they have very few chances to do the same with different age groups.

Besides, students who have a part-time job are able to build confidence in themselves. For example, their self-esteem grows by handling their job well and taking on more responsibilities. It also allows them to develop a positive orientation toward work, and in this way, a lot of different experiences at work lead them to talk more about themselves with confidence.

In conclusion, I think that students should have a part-time job and gain some experience (which) they can't at school.

ボランティア

質問：What are the two benefits that people can gain from doing volunteer work?

「ボランティア活動を通して人々が得られる恩恵を2つ述べなさい」という問題です。今回は、賛否に関係なく、ボランティア活動を通して、人々は何を得ることができるのかについて論述します。ボランティア活動はコミュニティをよりよい場所へと変えることができます。ボランティアの存在が地域の絆を深め、また人がボランティアに参画することで、コミュニティで生活する人や動物や助けを必要としている団体にプラスの影響を与えてくれることでしょう。また、私たちは地域とつながり、そしてさらに様々な人との出会いを通して、社会的、人間関係を構築していく力を育むことができます。人には外交的な人もいれば、内気な人もいます。いろいろな性格の人がいますが、共通の関心を持った人々と日々出会う中で、そのスキルを向上させることができます。今回は、以下の2つのポイントを踏まえて、「ボランティア活動を通して、人々が得られるメリット」について、論述を展開していきます。

◉ボランティア活動を通して人々が得られるメリット
❶コミュニティをよりよい場所に変える
❷社会性を育むことができる

では、この2つのポイントを踏まえて、論述展開していきます。
まずは自分の主張を述べます。今回は少し長めですが、以下の内容を今回の Thesis statement（自分の主張）として述べてみましょう。

私たちが積極的にボランティア活動に参加することは、多くの点で実に良いことです。ボランティアに興味を持ったり、参加することに遅すぎることは決してないです。

I think it's quite good in many ways for us to _____

_____

次に、1つ目のトピックセンテンスを書きます。ボランティア活動を通じて、コミュニティをよりよい場所に変える、お手伝いができる、というのが1つ目のポイントです。

　表現ツール7：1つ目のポイントを述べるにはFirstと…　で学んだ「❹ One of the benefits of 〜 is」の表現を使って、次の文を書いてみましょう。

　ボランテイア活動の利点の1つは、ボランティアとして時間を捧げることは、私たちのコミュニティをより良い場所にすることに役立つことです。

　　　　　　　　　　　　　　　　　　　　　　　　　　　　　　　　　

　そして、それを補足説明するサポートセンテンスを展開していきます。ボランティア（をする人々）の存在が、なぜコミュニティをより良い場所へと変える一役を担っているのかを考えてみましょう。

　表現ツール12：関係詞which, who, where, whenを使って名詞を説明しよう　で学んだ「❶ 名詞 which 動詞」の表現を使って、次の文を書いてみましょう。

　無給のボランティア（をする人たち）はコミュニティ［地域社会］を団結させる接着剤のようなものです。

さらに2つ目のサポートセンテンスを展開していきます。接着剤のような役割を担うボランティア（をする人々）の存在やその活動がもたらす効果について述べます。

　表現ツール2：「〜できる」はcan / be able toだけじゃない で学んだ「❶ 助動詞can / be able to 動詞の原形」

　表現ツール3：「影響」はinfluenceとaffectで述べる で学んだ「❶ have an influence [impact / effect] on 人 / 物」

　以上の表現ツールを使って、次の文を書いてみましょう。

　たとえそれが小さな助けであっても、助けを必要としている人々、動物、そして組織団体の営みに良い影響を与えます。

_____

_____

_____

_____

_____

　ここまでで、1つ目のポイントが書けましたね。では、2つ目のポイントです。

　次のトピックセンテンスは、「社会性を育むことができる」ですね。次の文を書いてみましょう。

　また、ボランティア活動は社会性を育むのに役立ちます。

_____

_____

_____

_____

_____

　では、なぜその社会性を育むことができるのか、を述べなくてはなりません。まず、世の中には、いろいろなタイプ、性格の人がいることを述べます。

　表現ツール17：対照・対比を表す4つの表現 で学んだ「❶ while [whereas]」

　表現ツール6：「難しさ」を述べるdifficultとdifficulty で学んだ「❷ have a difficult [hard] time + 動詞ing」

以上の表現ツールを使って、サポートセンテンスを書いてみましょう。

元々、外交的な人もいれば、恥ずかしがり屋で新しい人との出会いがつらい人もいます。

_____

_____

_____

_____

_____

次に、ボランティア活動が、人付き合いが苦手な人になぜ役立つかについて、その理由について述べていきます。

　表現ツール9：一般論を述べるときのIn generalなど　で学んだ「❺ It is commonly said that 主語＋動詞」

　表現ツール15：前置詞 with, from, of, in を使って名詞を説明する　で学んだ「❶「所有」「携帯」を表すwith」

以上の表現ツールを使って、サポートセンテンスを補強する文を書いてみましょう。

一般的にボランティア活動は、私たちに社会性を育む機会を提供してくれると言われています。というのは、私たちは共通の関心を持った人々の集団と定期的に会うからです。

_____

_____

_____

_____

_____

そして、さらに人々との定期的な関わりを展開していくなかで、生まれる効果を追記します。

　表現ツール18：比較するときのmoreの使い方　で学んだ「❷ 形容詞-er/ more 形容詞＋名詞」

　表現ツール6：「難しさ」を述べるdifficultとdifficulty　で学んだ「❹ find it difficult [hard] to 動詞の原形」

を参考にして、比較級を用いた文を書いてみましょう。

いったん(私たちは)弾みがつけば、その範囲を広げ、より多くの友人や人脈を作ることが、さらに容易になります。

_____

_____

_____

_____

_____

_____

それでは、最後の結びの文です。冒頭の主張では、「❹ One of the benefits of 〜 is」を使って、「〜の利点の1つは...です」と表現したので、今回は「私たち」を主語にして少し変化を加えてみましょう。

　表現ツール13：結論を述べる In conculsion と他の表現　で学んだ「❷ For these reasons,」

　表現ツール5：「増減」を述べるには increase / decrease か more / fewer　で学んだ「❶ There is an increase [a decrease] in the number [amount] of 名詞」

　表現ツール19：分詞を使って名詞を説明するとこうなる　で学んだ「❸ 名詞＋動詞の現在分詞＋その他の語句」

　表現ツール2：「〜できる」は can / be able to だけじゃない　で学んだ「❶ 助動詞 can / be able to 動詞の原形」

以上の表現ツールを使って、次の文を書いてみましょう。

こういった理由から、ボランティア活動に参加する人の数は安定して増加しています、ボランティアをすることで恩恵が得られることをわかっているからです。

では、次は、アウトラインを見て、全文を書いてみましょう。

私たちが積極的にボランティアに参加することは良いことだ

❶コミュニティ(地域社会)とつながることができる

なぜ？

・新しい友人を作る → ネットワークの拡大 → 地域を一体化する役割を担う

↓

そしてその地域をより良い場所へと導く

❷社会性を育むことができる

　なぜ？

　・内向的な人は社会性を高める機会となる → 共通の関心を持った人々との関わりが定期的に生まれるから → さらに友人は増え、人脈は拡大する

_____
_____
_____
_____
_____
_____
_____
_____
_____
_____
_____
_____
_____
_____
_____
_____
_____
_____
_____
_____
_____
_____
_____
_____
_____
_____
_____

最後にここでもう一度回答を振り返ってみましょう。

I think it's quite good for us in many ways to get actively involved in some volunteer activities. It is never too late to get interested or participate in them.

One of the benefits of volunteering is that dedicating our time as a volunteer helps us make our community a better place. Unpaid volunteers are like the glue which holds a community together. Even helping with the small tasks can have a good influence on the lives of people, animals, and organizations in need of help.

Also, volunteering helps develop our socializing skills. While some people are naturally outgoing, others are shy and have a hard time meeting new people. It is generally believed that volunteering gives us the opportunity to practice and develop our socializing skills, since we regularly meet with a group of people with common interests. Once we have momentum, we find it easier to branch out and make more friends and personal connections.

For these reasons, there is a stable increase in the number of people talking part in volunteer activities, as we know we can benefit from volunteering.

CASE **3**

科学技術

質問：Do you think that our lives have become better due to technological advancement?

「技術の進歩により、私たちの生活は良くなりました。」という問題です。今回は、2つの理由を使って、賛成の意見を書いてみましょう。

まず、理由を列挙してみることから始めます。

身近な生活から考えてみましょう。たとえば、家にはたくさんの技術の進歩の成果物があります。そういった家電類によって、❶**私たちの生活はとても効率的になりました**。それに、コンピューターやAI技術の進歩により、❷**コミュニケーションが劇的に向上しました**。

今回は、以上の2つのポイントから、「技術の進歩により、私たちの生活は良くなりました。」という意見を書いてみましょう。

◉技術の進歩のメリット

　❶生活を効率的にした

　❷コミュニケーションが向上した

まずは、自分の主張を述べます。今回の Thesis statement は「技術の進歩は私たちの生活を良くした」としましょう。

表現ツール3：「影響」は influence と affect で述べる　学んだ「❶ have an influence [impact / effect] on 人 / 物」を使い、次の文を書いてみましょう。

次の2つの理由から、技術の進歩は私たちの生活にプラスの影響を与えてきたと私は思います。

_____

_____

_____

次に、1つ目のトピックセンテンスを書きます。

表現ツール7：1つ目のポイントを述べるにはFirstと... で学んだ表現「❶ First, 」と、

表現ツール4：「主語」が状況を変化させる make で学んだ表現「❶ make 人・物＋形容詞／名詞」を使って、次の文を書いてみましょう。

まず、技術は私たちの生活を効率的にしました。

_____

_____

_____

_____

さて、効率的だ、ということを説明しなくてはなりません。色々な場面で生活が効率的になっていますが、今回は、家庭内での家電に注目しましょう。

表現ツール11：過去との違いを述べるには？ で学んだ表現「❷ today, nowadays, these days 」と、

表現ツール5：「増減」を述べるには increase / decrease か more / fewer で学んだ表現「❸ more（and more）人／物 & fewer（and fewer）人／物」を使って、サポートセンテンスを書いてみましょう。

今日、より多くの家電が手に入ります。

_____

_____

_____

_____

より多くの家電が手に入りますが、どういった家電があるのかの例を述べましょう。そして、その家電によって私たちの生活がどう変わったのかを述べる必要があります。

表現ツール20：例を挙げるのは、exempleだけじゃない で学んだ表現「❺ 名詞 such as 名詞」と、

表現ツール4：「主語」が状況を変化させる make で学んだ表現「❶ make 人／物＋形容詞／名詞」、

表現ツール11：過去との違いを述べるには？ で学んだ表現「❶ in the past」を使って、次の文を書いてみましょう。

掃除機や、洗濯機や乾燥機のような（家庭）電化製品は、過去には手でやられなくてはならなかった家事をするのを容易にしました。

では、次に2つ目の理由を述べましょう今回は、コミュニケーションの向上です。

表現ツール8：2つ目のポイントを述べるSecondとその他の表現 で学んだ表現「❸ Moreover, / Also, / Futhermore,」を使って、次のトピックセンテンスを書いてみましょう。

さらに、コンピューター技術は劇的に私たちのコミュニケーションを向上した。

コミュニケーションが向上した、というアイデアをサポートしなくてはいけませんが、障害のある人はどうでしょうか？ 例えば、話すことができない人は、スマホに打ち込んだ文字テキストを介し、コミュニケーションをとることができます。これは具体例ですので、まずは、障害のある人は技術を使ってコミュニケーションをとることができる、と述べる必要があります。

では、

表現ツール14：原因と結果を表す6つの表現 で学んだ表現「❻ thanks to 名詞」を使って、次の文を書いてみましょう。

コンピューターやAIのおかげで、障害のある人たちは、他者とスムーズにコミュニケーションをとることができます。

_____
_____
_____
_____
_____
_____

　その具体例として、先ほどの話すことができない人が、文字テキストを介してコミュニケーションをとることができる、という考えをここでしっかり述べましょう。

　表現ツール20：**例を挙げるのは、exemple だけじゃない** で学んだ表現「❶ For exemple, / For instance,」と、

　表現ツール12：**関係詞 which, who, where, when を使って名詞を説明しよう** で学んだ表現「❸ 名詞 who 動詞」、

　表現ツール3：**「影響」は influence と affect で述べる** で学んだ表現「❶ have an influence [impact / effect] on 人 / 物」を使って、次の文を書いてみましょう。

例えば、話すことができない人たちは、メッセージをタイプするためにスマホを使うことができ、それを音声で言わせることができます。

_____
_____
_____
_____
_____

　最後に、まとめの文です。導入では「技術の進歩」を主語に述べましたので、今回は、「私たちの生活」を主語にし、生活が向上した、と述べましょう。

　表現ツール14：**原因と結果を表す6つの表現** で学んだ表現「❺ as a result of 名詞」を使って、次の文を書いてみましょう。

上で述べた2つの理由から、私たちの生活は、技術進歩により向上したと思います。

_____
_____

_____
_____
_____
_____

では、次は、アウトラインを見て、全文を書いてみましょう。

技術進歩は生活をよくした

❶生活が効率的になった

どうやって？

- より多くの(家庭)電化製品の導入によって

  （例：掃除機、洗濯機、乾燥機）→手でやらなくてよくなった

❷コミュニケーションが向上

誰が恩恵？

- 障害を持つ人々

  （例：話すことができない人→文字入力、読み上げ機能など）

_____
_____
_____
_____
_____
_____
_____
_____
_____
_____
_____
_____
_____
_____
_____

_____
_____
_____
_____
_____
_____
_____
_____
_____
_____

最後にここでもう一度回答を振り返ってみましょう。

I think that technological advancement has <u>had a good effect on</u> our lives for the following two reasons.

<u>First,</u> technologies have <u>made our lives efficient</u>. <u>Nowadays, more</u> household appliances are available. These appliances, <u>such as</u> vacuum cleaners, washers, and dryers, have <u>made it easier for us to do</u> household chores that had to be done by our hands <u>in the past</u>.

<u>Furthermore,</u> computer technologies have dramatically improved our communication. <u>Thanks to</u> computers and AI, <u>people with</u> disabilities can smoothly communicate with others. <u>For example,</u> <u>those who</u> cannot speak can use their smartphone to type their message and <u>have the smartphone read it aloud</u> for them.

<u>For these two reasons stated above,</u> I believe that our lives have improved <u>as a result of</u> technological advancement.

CASE **4**

大企業

質問：Do you think more and more young people will prefer to work for a large company rather than a small one?

　「大企業で働きたいと思う若者が増えると思うか」という問題です。今回は、2つの理由を使って、そう思わない、つまり大企業を志望する若者は減る、という方向で考えてみましょう。

　理由を列挙してみましょう。

　大企業では、中小企業とは違い、部署がはっきりわかれています。ですから、**❶決まった枠でしか仕事ができないので経験の幅が限られる**、ということがあります。一方、中小企業ではメンバーが少ないので色々なことを入社当初からしなくてはいけない傾向にあります。また、大企業は事業規模が大きいため、関わる企業や顧客も大きくなり、**❷ストレスとなること**、が考えられます。今回は、この2つのポイントから、「**大企業を志望する若者は減る**」という意見を書いてみましょう。

◉大企業を志望する若者は減る
　❶あまり経験できない
　❷（中小企業に比べ）ストレスが大きい

　まずは、自分の主張を述べます。今回の Thesis statement は「大企業を志望する若者は減る」としましょう。

　表現ツール5：「増減」を述べるには increase / decrease か more / fewer　で学んだ表現「**❶ There is an increase [a decrease] in the number [amount] of 名詞**」、さらに、

　表現ツール12：関係詞 which, who, where, when を使って名詞を説明しよう　で学んだ表現「**❸ 名詞 who 動詞**」を使い、次の文を書いてみましょう。

　次の2つの理由から、大企業で働きたいと思う若者は、この先減ると思います。

次に、1つ目のトピックセンテンスを書きます。 表現ツール7：1つ目のポイントを述べるに は First と... で学んだ表現「❷ First of all,」を使い、次の文を書いてみましょう。

まず、若いうちは、大企業ではあまり経験ができません。

次に、なぜ経験ができないか、と問われれば、大企業では部署が細かく分かれていて、同じ ことを何年もやることになっているからです。では、 表現ツール10：可能性・傾向を述べる のに便利な likely で学んだ表現「❺ tend to 動詞の原形 」を使い、次のサポートセンテンスを 書いてみましょう。

大企業は仕事を様々な部署に分ける傾向にあり、従業員は同じことを何年もやるように期 待されています。

大企業でもある程度経験を積むと部署が異動になることが多いので、同じことを何年も担当 するのは、特に若いうちが多いです。この考えは、トピックセンテンス「大企業で働きたいと 思う若者は、この先減ると思います」を補強するサポートセンテンスになるので、ここで入れ ておきましょう。では、次の文を書いてみましょう。

これは彼らが若いうちは特にそうです。

なぜ、大企業では、入社して（若い）最初の数年は同じ部署で働くのでしょうか。それは、研修のためですね。中小企業では研修に割く人員や予算がないために、新入社員でもすぐに現場に立つことが多いですが、人員や費用に余裕のある大企業では数年は企業内教育とみなされることもあります。では、この考えを一般論として紹介しましょう。**表現ツール9：一般論を述べるときのIn generalなど** で学んだ表現「**❺** It is commonly said that 主語＋動詞」を使い、次の文を書いてみましょう。

例えば一般的に、労働者は同じ会社に最低でも3年はとどまるべきだ、というのも、最初の3年は研修に費やされるからだと言われています。

　この、「最初の3年は研修だと思ってください」という考えが若者に受け入れられないのは、（以前と比べ）最近の若者はすぐに得られる喜びを求め、3年間待つことに消極的だからです。では、**表現ツール5：「増減」を述べるには increase / decrease か more / fewer** で学んだ表現「**❸** more（and more）人 / 物 & fewer（and fewer）人 / 物」を使い、次の文を書いてみましょう。

最近の若者はすぐに得られる喜びを求め、3年待つことに消極的な人が増えています。

　では、次に2つ目の理由ですね。「大企業ではストレスが大きい」というのがトピックセンテンスです。**表現ツール8：2つ目のポイントを述べるSecondとその他の表現** で学んだ表現「**❸** Moreover, / Also, / Futhermore,」を使い、次の文を書いてみましょう。

さらに、大企業で働くことは、よりストレスになります。

_____

_____

_____

_____

_____

　ストレスが大きい理由は何でしょうか？　「すべての大企業で」とは言えないので一般論として述べましょう。上で述べたように、企業規模が大きいとそのビジネス取引も大きいですね。では、 表現ツール9：一般論を述べるときのIn general など で学んだ表現「❶ In general,」と 表現ツール18：比較するときのmore の使い方 で学んだ表現「❺ the 比較級＋主語＋動詞, the 比較級＋主語＋動詞」を使って、次のサポートセンテンスを書いてみましょう。

一般的に、企業が大きいほど、ビジネス取引も大きくなります。

_____

_____

_____

_____

　ビジネス取引が大きいということは何を意味するのでしょうか？つまり、プレッシャーが大きいということですね。では、 表現ツール16：言い換えをするにはこの4つ で学んだ表現「❶ This means that 主語＋動詞」を使って、次の文を書いてみましょう。

つまり、一人一人の従業員へのプレッシャーが大きくなります。

_____

_____

_____

_____

　そういったプレッシャーも、昔はよしとされる風潮にありましたが、今は昔とは違うんだ、ということを入れて終わりにしましょう。では、 表現ツール11：過去との違いを述べるには？

で学んだ表現「❸ used to」を使って、次の文を書いてみましょう。

大企業に勤め、困難に立ち向かうことが、かつては光栄なことでした。

今は、というと、ライフワークバランスの重要性がうたわれるように、もっと人生を楽しむことが重要とされます。では、次の文を書いてみましょう。

しかし、人々は人生を楽しむことが重要だと学びました。

最後に、まとめの文です。冒頭の主張では、「数が減る」という表現を使いましたので、今回は、「人気がなくなる」という異なる表現を用いて、同じ内容について述べてみましょう。では、表現ツール13：結論を述べる In conculsion と他の表現 で学んだ表現「❸ In summary,」を使って、次の文を書いてみましょう。

要約すると、大企業で働くことは、若者たちの間で、この先人気がなくなると思います。

では、次は、アウトラインを見て、全文を書いてみましょう。

大企業を志望する若者は減る

❶経験が限られる

なぜ？

・部署が細かい → 同じ仕事

　　（特に若いうち）＝「3年は我慢」の考え ← 即効の喜びが欲しいので×

❷ストレスが大きい

なぜ？

・規模が大きい → 取引も大きい → <u>プレッシャーが大きい</u>

　　　　　　　　　　　　　　　　　　↑

　　　　昔はよしとされたが、今は人生を楽しむことが重要

_____
_____
_____
_____
_____
_____
_____
_____
_____
_____
_____
_____
_____
_____
_____
_____
_____
_____
_____

最後にここでもう一度回答を振り返ってみましょう。

I think there will be a decrease in the number of young people who wish to work for a large company in the future for the following two reasons.

First of all, people cannot experience much at a large company while they are young. Large companies tend to divide tasks into various departments, and workers are expected to do the same tasks for years. This is especially the case when they are young. For instance, it is commonly said that workers should stay with a company for at least three years because the first three years are spent on training. More and more young people these days want instant gratification and are less willing to wait for three years.

Moreover, working for a large company is more stressful. In general, the larger a company is, the larger its business transactions are. This means that pressure on each worker is higher. Working for a large company and confronting difficulties used to be an honorable thing to do. However, people have learned that it is important to enjoy their life.

In summary, I believe that working for a large company will be less popular among the young in the future.

田舎 vs 都会

質問：Do you think it is better for parents to raise their children in the countryside?

この質問文では、「田舎」との比較対象が明らかであるため、「都会」という単語が質問文では省略されていますが、「子供は田舎で育てるべきか、都会で育てるべきか」と頭の中で言い換えて考える問題です。今回は、「田舎で育てるべき」の意見で書いてみましょう。

まず理由を列挙してみましょう。

◉田舎で子育てするメリット
　❶自然が多い
　❷安全
　❸地域のきずな

などが挙げられるでしょうか。<u>ポイントが浮かんだら、その背後にあるロジック（論理）を考えます。</u>

そもそも、自然が多いことは、なぜ子供にとってメリットなのでしょうか。自然が多いところで、子どもが駆け回ってる姿が思い浮かびます。いい空気を吸って、体を動かす、つまり健康につながるからです。ですから、1つ目のポイント❶は**健康にいい**、としましょう。そしてその後ろにあるロジックをサポート文で補足説明しましょう。

田舎が安全なのは、交通量などが少ないということもありますが、地域のきずながあり、地域で子どもを守るという意識が高いからではないでしょうか。そうすると❷と❸はつながりますね。ここでは、2つ目のポイントは、**安全である**、にしましょう。

まずは、自分の主張を述べます。今回の Thesis statement は「**親は子供を田舎で育てる方がいい**」としましょう。そうすると、

となりますね。

　次に、1つ目のトピックセンテンスを書きます。

　表現ツール3：「影響」はinfluenceとaffectで述べる　で学んだ表現「❶have an influence [impact / effect] on 人 / 物」を使い、次の文を書いてみましょう。

　田舎で生活することは、子どもの健康にいい影響を与えます。

_____

_____

_____

　次になぜ健康にいい影響があるのかを考えます。外で遊ぶからです。では、なぜ外で遊ぶのかというと、都会にあるような娯楽施設がないからです。

　表現ツール10：可能性・傾向を述べるのに便利なlikely　で学んだ表現「❶ be more likely to 動詞の原形」を使い、次のサポートセンテンスを書いてみましょう。

　子供たちは、都会ほど多くの娯楽施設がないので、外で遊ぶ傾向にあります。

_____

_____

_____

_____

　どういったところで遊ぶのかという具体例を書くと、イメージが広がりやすいです。

　表現ツール20：例を挙げるのは、exempleだけじゃない　で学んだ表現「❶For exemple, / For instance,」を使い、次の文を書いてみましょう。

　例えば、彼らは川に泳ぎに行ったり、釣りに行ったりでき、山にハイキングに行くことができます。

_____

_____

_____

（罫線5本）

　そして、それがどうして健康につながるのか、ということを述べなくてはいけません。アウトドア活動をすることで、自然と体を動かしますね。

　表現ツール14：原因と結果を表す6つの表現 で学んだ表現「❶ by 〜ing, 主語＋動詞」を使い、「アウトドア活動に参加することで、子どもたちは自然と運動ができる」、その後に、同じく **表現ツール14：原因と結果を表す6つの表現** で学んだ表現「❸ 主語＋動詞, and this will 変化を表す動詞」を使いましょう。では、2つの表現を使い、次の文を書いてみましょう。

　アウトドア活動に参加することで、子どもたちは自然と運動ができ、そしてそれは彼らの健康を向上させます。

（罫線5本）

　ここまでで、1つ目のポイントが書けました。では、2つ目のポイントです。ポイントは、「安全」ですね。

　表現ツール8：2つ目のポイントを述べるSecondとその他の表現 で学んだ表現「❶ Second,」、**表現ツール16：言い換えをするにはこの4つ** で学んだ表現「❸名詞, 名詞（句）,」を使い、次のトピックセンテンスを書いてみましょう。

　第二に、田舎での生活は安全、つまり親が一番心配していることの1つを提供してくれます。

（罫線4本）

では、なぜ田舎は安全か、を述べなくてはなりません。「コミュニティ意識」があるから、と言いたいのですが、まずは、都会ではその意識が低いために犯罪が多い、としましょう。そうすることで、より田舎の安全性が際立ちます。都会でのコミュニティ意識を表現するときは、

表現ツール14：原因と結果を表す6つの表現 で学んだ表現「❻ thanks to 名詞」で紹介されている「because of」、

表現ツール19：分詞を使って名詞を説明するとこうなる で学んだ表現「❶ 動詞の現在分詞＋名詞」を使い、「弱ってきているコミュニティ意識」とし、次の文を英語で書いてみましょう。

実際、都市部では、より多くの犯罪が発生しています。これはおそらく弱ってきているコミュニティ意識のせいでしょう。

　　　　　　　　　　　　　　　　　　　　　　　　　　　　　　　　

　　　　　　　　　　　　　　　　　　　　　　　　　　　　　　　　

　　　　　　　　　　　　　　　　　　　　　　　　　　　　　　　　

　　　　　　　　　　　　　　　　　　　　　　　　　　　　　　　　

それでは、都会と対比して田舎でのコミュニティのつながりの強さを述べましょう。

表現ツール17：対照・対比はこんな表現で で学んだ表現「❷ on the other hand,」と、

表現ツール10：可能性・傾向を述べるのに便利な likely で学んだ表現「❺ tend to 動詞の原形」を使い、次の文を書いてみましょう。

一方で、田舎でのコミュニティのつながりは（都会のそれと比較して）強い傾向にあり、そして人々は忙しくお互いに気を配ります。

　　　　　　　　　　　　　　　　　　　　　　　　　　　　　　　　

　　　　　　　　　　　　　　　　　　　　　　　　　　　　　　　　

　　　　　　　　　　　　　　　　　　　　　　　　　　　　　　　　

　　　　　　　　　　　　　　　　　　　　　　　　　　　　　　　　

　　　　　　　　　　　　　　　　　　　　　　　　　　　　　　　　

それでは、最後の結びの文です。冒頭の主張では、主語を「親」としたので、少し変化を加えるために、「子供」を主語にして受動態の文で書いてみましょう。

（ルーズリーフの空白行）

では、次は、アウトラインを見て、全文を書いてみましょう。

子育ては田舎 vs 都会? → 田舎で子育てするメリットは

❶自然が多い

どうしてよいか？

・外で遊べる → 健康によい

❷コミュニティ（地域社会）意識が高い

どうしてよいか？

・お互い気に掛けることができる → 安全

_____

_____

_____

_____

_____

_____

_____

_____

_____

_____

最後にここでもう一度回答を振り返ってみましょう。

I believe that parents should raise their children in the countryside for the following two reasons. First of all, living in the countryside has a good influence on children's health. Since children do not have as many places for entertainment as in big cities, they are more likely to play outside. For example, they can go swimming or fishing in the rivers, and go hiking in the mountains. By engaging in outdoor activities, children can naturally exercise, and this will improve their health.

Second, life in the countryside provides safety, one of the things that parents are most concerned about. In fact, more crimes are committed in urban areas. This is probably because of the weakening sense of community. On the other hand, the community ties in the countryside tend to be stronger, and people are busy looking after each other. For these reasons, I believe that children should be raised in the countryside.

「20の表現
ツール」
──例文277選

	ツール表現	例文
001	have 人/物＋動詞の原形	Teachers / often have their students read / a passage / aloud / in English classes.
002	have 人/物＋動詞の原形	The management should / have their employees take a day off / whenever they wan to.
003	have 人/物＋動詞の原形	The captain of the team / is expected to / have the team members speak up / actively.
004	have 人/物＋動詞の原形	Bus drivers / have their passengers remain seated / for safety reasons / until / they come to / a complete stop.
005	have 人/物＋動詞の原形	Doctors / have their patients sign the consent form / before their operations.
006	let 人/物＋動詞の原形	Some parents / let their children try / whatever they are interested in.
007	let 人/物＋動詞の原形	Some teachers / let their students leave the classroom / if they need to.
008	let 人/物＋動詞の原形	Some companies / let their employees wear casual clothes / in the workplace.
009	let 人/物＋動詞の原形	Some restaurants / let their customers split the check / if they wish to.
010	let 人/物＋動詞の原形	Some schools / let their students study / online at home / instead of going to school / if they want to.
011	make 人/物＋動詞の原形	Some city libraries / make people pay an overdue fee / if they return books / late.
012	make 人/物＋動詞の原形	Some restaurants / make customers pay extra money / if they leave food / on their plates.
013	make 人/物＋動詞の原形	Some teachers / make their students stay at school / to study / if they get poor grades.
014	make 人/物＋動詞の原形	These seminars / make young people start / thinking about / their future careers.
015	make 人/物＋動詞の原形	You should / take this medicine / regularly / to make it work / more effectively.

「20の表現ツール」──例文277選

日本語	ポイント
教師は / よく生徒に読ませる / パッセージを / 声に出して / 英語のクラスで	**表現ツール1** 「～させる」の表現
管理者は～すべきだ / 従業員に休みを取らせる / 彼らが望むときはいつでも	**表現ツール1** 「～させる」の表現
チームのキャプテンは / ～するように期待されている / チームメンバーに発言させる / 積極的に	**表現ツール1** 「～させる」の表現
バスの運転手は / 乗客を座ったままにする / 安全上の理由から / ～までずっと / 彼ら[バス（の運転手)]が完全に停止する	**表現ツール1** 「～させる」の表現
医者は / 患者に同意書にサインさせる / 手術前に	**表現ツール1** 「～させる」の表現
～する親もいる / 子どもにやらせる / 興味があるものは何でも	**表現ツール1** 「～させる」の表現
～する先生もいる / 学生を教室から出させる / 必要があれば	**表現ツール1** 「～させる」の表現
～する会社もある / 従業員にカジュアルな服を着させる / 職場で	**表現ツール1** 「～させる」の表現
～するレストランもある / 客に割り勘をさせる / 彼らが望めば	**表現ツール1** 「～させる」の表現
～する学校もある / 学生に勉強させる / 家でオンラインで / 学校に行く代わりに / 彼らが望めば	**表現ツール1** 「～させる」の表現
～する市立図書館もある / 人々に延長手数料を払わせる / もし彼らが本を返したら / 遅れて	**表現ツール1** 「～させる」の表現
～するレストランもある / 客に追加料金を払わせる / もし彼らが食べ物を残したら / 皿の上に	**表現ツール1** 「～させる」の表現
～する先生もいる / 学生を学校にいさせる / 勉強するために / もし彼らが悪い成績を得たら	**表現ツール1** 「～させる」の表現
これらのセミナーは / 若い人たちに始めさせる / ～について考えることを / 彼らの将来のキャリア	**表現ツール1** 「～させる」の表現
あなたはすべきだ / この薬を摂る / 定期的に / それ[この薬]を機能させるために / もっと効果的に	**表現ツール1** 「～させる」の表現

	ツール表現	例文
016	can	People will be able to / fly anywhere / by using this vehicle / in the future.
017	can	We can easily get / the nutrients / necessary to stay healthy.
018	can	Secutity cameras /can deter crimes / on the streets.
019	be able to	With this software, / we are able to / immediately connect / with people / around the world.
020	be able to	Few people / are able to / understand / his theory.
021	be able to	Some people / are able to / hold their breath / more than three minutes.
022	allow 人 to 動詞の原形	The ferry / allows islanders to / travel / with their vehicles.
023	allow 人 to 動詞の原形	Students are allowed / to check out books / with a student card.
024	allow 人 to 動詞の原形	This button / allows us to / stop its function / if something goes wrong.
025	allow 人 to 動詞の原形	Persistent negotiation efforts / allowed the two parties to / reach an agreement.
026	allow 人 to 動詞の原形	This digital map / allows us to / find the shortest route / to the destination.
027	enable 人 to 動詞の原形	Driverless cars / enable us to / reduce the number of accidents.
028	enable 人 to 動詞の原形	Online classes / enable us to / learn foreign languages / more effectively.
029	enable 人 to 動詞の原形	The new law / will enable us to / protect our privacy.
030	enable 人 to 動詞の原形	The cooperation / between the labor and the management / enables us to / solve the labor dispute.

日本語	ポイント
人々はできるようになる / どこにでも飛んでいく / この乗り物を使うことによって / 将来は	表現ツール2 「～できる」の表現
私たちは簡単に得ることができる / 栄養素を / 健康でいるために必要な	表現ツール2 「～できる」の表現
防犯カメラは / 犯罪を防ぐことができる / 路上で	表現ツール2 「～できる」の表現
このソフトウェアを使うと / 私たちはできる / すぐにつながる / 人々と / 世界中の	表現ツール2 「～できる」の表現
～な人はほとんどいない / ～できる / 理解する / 彼の理論	表現ツール2 「～できる」の表現
～する人もいる / ～できる / 息を止める / 3分以上	表現ツール2 「～できる」の表現
フェリーは / 島民たちができるようにしている / 移動する / 乗り物と一緒に	表現ツール2 「～できる」の表現
学生は許可されている / 本を借りることを / 学生証を使って	表現ツール2 「～できる」の表現
このボタンは / 私たちができるようにしている / 機能を止める / もしものことがあったら	表現ツール2 「～できる」の表現
粘り強い交渉努力は / 2者ができるようにした / 合意に到達する	表現ツール2 「～できる」の表現
このデジタルマップは / 私たちができるうようにしている / 最短ルートを見つける / 目的地までの	表現ツール2 「～できる」の表現
自動運転車は / 私たちができるようにしている / 事故数を減らす	表現ツール2 「～できる」の表現
オンライン授業は / 私たちができるようにしている / 外国語を学ぶ / より効果的に	表現ツール2 「～できる」の表現
新しい法律は / 私たちができるようにするだろう / 私たちのプライバシーを保護する	表現ツール2 「～できる」の表現
協力 / 労使間の / 私たちができるようにしている / 労働紛争を解決する	表現ツール2 「～できる」の表現

ツール表現	例文
031 enable 人 to 動詞の原形	A new internship program / will enable students to / go through hands-on training / at work.
032 make it possible (for 意味上の主語) to 動詞の原形	A microwave / makes it possible to / warm up something / within a few minutes.
033 make it possible (for 意味上の主語) to 動詞の原形	A car navigation system / makes it possible to / find the nearest parking lot / from where you are now.
034 make it possible (for 意味上の主語) to 動詞の原形	A fridge / makes it possible to / keep food / at a low temperature.
035 make it possible (for 意味上の主語) to 動詞の原形	Good teachers / make it possible / for students / to learn / on their own.
036 make it possible (for 意味上の主語) to 動詞の原形	An online conference system / makes it possible / for employees / to have a meeting / with clients / from around the world.
037 have an influence [impact / effect] on 人/物	The way we say / has an influence on / how someone acts.
038 have an influence [impact / effect] on 人/物	The people / we meet / have an influence on / how we think.
039 have an influence [impact / effect] on 人/物	The infectious disease / will have an enormous influence on / the travel industry.
040 have an influence [impact / effect] on 人/物	This shocking scandal / will probably have an effect on / public opinion.
041 have an influence [impact / effect] on 人/物	People are now discussing / how this pandemic will have an effect on / the economy as a whole.
042 affect [influence] + 名詞	The increased logistic cost / will negatively affect / a lot of different products.
043 affect [influence] + 名詞	It is commonly said that / drinking too much / affect people / physically and mentally.
044 affect [influence] + 名詞	Drinking too much coffee / is said to / affect brain activities.
045 affect [influence] + 名詞	TV commercials / influence / a consumer's buying decision.

日本語	ポイント
新しいインターンシッププログラム / のおかげで学生たちはできるようになるだろう / 実践の研修を経験する / 職場で	表現ツール2 「〜できる」の表現
電子レンジは / 〜することを可能にする / 何かを温めることを / 数分以内に	表現ツール2 「〜できる」の表現
カーナビは / 〜することを可能にする / 一番近い駐車場を見つける / あなたが今いる場所から	表現ツール2 「〜できる」の表現
冷蔵庫は / 〜することを可能にする / 食べ物を保つ / 低温で	表現ツール2 「〜できる」の表現
よい先生は / 〜することを可能にする / 学生が / 学ぶ / 自分自身で	表現ツール2 「〜できる」の表現
オンライン会議システムは / 〜することを可能にする / 従業員が / 会議をすることを / 顧客と / 世界中の	表現ツール2 「〜できる」の表現
私たちの言い方は / 〜に影響を与える / 人がどのように行動するか	表現ツール3 「影響」を述べる
人々は / 私たちが会う / 〜に影響を与える / 私たちがどのように考えるか	表現ツール3 「影響」を述べる
感染症は / 〜に甚大な影響を与えるだろう / 旅行業界	表現ツール3 「影響」を述べる
このショッキングなスキャンダルは / おそらく〜に影響を与えるだろう / 世論	表現ツール3 「影響」を述べる
人々は今話し合っている / このパンデミックが〜にどのように影響を与えるかを / 経済全体	表現ツール3 「影響を述べる」
増加したロジスティック費用は / 悪影響を与えるだろう / 多くの違う製品に	表現ツール3 「影響を述べる」
一般的に言われています / 飲みすぎることは / 人に影響を与える / 体力的かつ精神的に	表現ツール3 「影響」を述べる
コーヒーを飲みすぎることは / 〜すると言われている / 脳活動に影響を与える	表現ツール3 「影響」を述べる
テレビコマーシャルは / 影響を与える / 消費者の購買意思決定に	表現ツール3 「影響」を述べる

	ツール表現	例文
046	affect [influence] + 名詞	Household budgets / influence / almost every aspect / of people's lives.
047	make 人・物 +形容詞 / 名詞	Some scary descriptions / make people reluctant / to try this new attraction.
048	make 人・物 +形容詞 / 名詞	Some people wonder / why we use others / to make someone jealous.
049	make 人・物 +形容詞 / 名詞	Some companies / try to make their products look better / than they actually are.
050	make 人・物 +形容詞 / 名詞	Some people / dress themselves up / to make themselves look younger / than they are.
051	make 人・物 +形容詞 / 名詞	Each of us / should do something / to make our society a better place.
052	cause / lead 人・物 to 動詞の原形	Putting too much cream / can cause the skin to / become irritated.
053	cause / lead 人・物 to 動詞の原形	Teachers' loud voices / might cause their students to / become tenser.
054	cause / lead 人・物 to 動詞の原形	Too much work / led his backache to / get worse / gradually.
055	cause / lead 人・物 to 動詞の原形	It is commonly believed that / the impact of a mateorite / caused all the dinosaurs to / become extinct.
056	cause / lead 人・物 to 動詞の原形	Too much exercise / causes you to / have pain / in your muscles / the following day.
057	lead to 名詞	Access concentration / led to / a breakdown of the system.
058	lead to 名詞	A breakdown in negotiations / might lead to / a breach of the peace.
059	lead to 名詞	Some dentists say that / insufficient brushing / will probably lead to / a cavity.
060	lead to 名詞	Loss of confidence / in oneself / is said to lead to / a chain reaction of negativity.

日本語	ポイント
家計は / 影響を与える / ほとんどすべての側面に / 人々の生活の	**表現ツール3** 「影響」を述べる
怖い説明は / 人々を躊躇させる / この新しいアトラクションを試すのを	**表現ツール4** 「主語」が状況を変化させる
～かなと思う人もみる / なぜ私たちは他人を利用するのかと / 人を嫉妬させるために	**表現ツール4** 「主語」が状況を変化させる
～する会社もある / 自社の製品を良く見せようとする / 実際よりも	**表現ツール4** 「主語」が状況を変化させる
～する人もいる / おしゃれをする / 自分自身を若く見せるために / 実際よりも	**表現ツール4** 「主語」が状況を変化させる
私たち一人ひとりが / 何かをすべきだ / 私たちの社会をよりよい場所にするために	**表現ツール4** 「主語」が状況を変化させる
クリームをつけすぎることは / 皮膚が～する原因になり得る / 炎症を起こす	**表現ツール4** 「主語」が状況を変化させる
先生の大きな声が / 学生が～する原因になるかもしれない / さらに緊張する	**表現ツール4** 「主語」が状況を変化させる
働きすぎることが / 彼の腰痛が～する原因となった / 悪化する / 徐々に	**表現ツール4** 「主語」が状況を変化させる
～と一般的に思われている / 隕石の衝撃が / すべての恐竜が～する原因となった / 絶滅する	**表現ツール4** 「主語」が状況を変化させる
運動しすぎると / あなたが～する原因となる / 痛みを感じる / 筋肉に / 翌日に	**表現ツール4** 「主語」が状況を変化させる
アクセスの集中が / ～の原因となった / システム障害	**表現ツール4** 「主語」が状況を変化させる
交渉の決裂が / ～の原因となるかもしれない / 平和条約違反	**表現ツール4** 「主語」が状況を変化させる
～だという歯医者もいる / 不十分な歯磨きは / おそらく～の原因となる / 虫歯の	**表現ツール4** 「主語」が状況を変化させる
自信の欠如 / 自分自身に対する / ～の原因となると言われている / 負の連鎖	**表現ツール4** 「主語」が状況を変化させる

ツール表現	例文
061 lead to 名詞	Physical conditions / lead to / a change / in blood pressure.
062 There is an increase [a decrease] in the number [amount] of 名詞	There is an increase / in the number of companies / recruiting / new employees.
063 There is an increase [a decrease] in the number [amount] of 名詞	There is a decrease / in the number of people / who make a business trip / by airplane.
064 There is an increase [a decrease] in the number [amount] of 名詞	There is an increase / in the number of shoppers / who have a memership card.
065 There is an increase [a decrease] in the number [amount] of 名詞	There is a decrease / in the number of people / asking for / plastic bags.
066 There is an increase [a decrease] in the number [amount] of 名詞	There is an increase / in the number of customers / complaining / to the front desk.
067 more（and more）人 / 物 & fewer（and fewer）人 / 物	Fewer people / use paper dictionaries / than before.
068 more（and more）人 / 物 & fewer（and fewer）人 / 物	Today, / more people / cycle to work / than before.
069 more（and more）人 / 物 & fewer（and fewer）人 / 物	I think / more children / will learn another foreign language / in addition to / English.
070 more（and more）人 / 物 & fewer（and fewer）人 / 物	These days, / fewer people / enjoy outdoor activities/ than before.
071 more（and more）人 / 物 & fewer（and fewer）人 / 物	Some experts say that / more people are now interested in / starting their own businesses.
072 It is difficult (for 人) [hard] to 動詞 の原形	It is more difficult / to start learning a foreign language / after getting older.
073 It is difficult (for 人) [hard] to 動詞 の原形	It is difficult / for foreign people / to use chopsticks.
074 It is difficult (for 人) [hard] to 動詞 の原形	It is difficult / for children / to eat / what they don't like.
075 have a difficult [hard] time + 動詞 ing	Some people / have a hard time / interacting with people / they meet for the first time.

日本語	ポイント
体調は / 〜の原因となる / 変化 / 血圧における	表現ツール4 「主語」が状況を変化させる
増加がある / 会社数に / 採用している / 新しい従業員を	表現ツール5 「増減」を述べる
減少がある / 人の数に / 出張する / 飛行機で	表現ツール5 「増減」を述べる
増加がある / 買い物客の数に / 会員証を持っている	表現ツール5 「増減」を述べる
減少がある / 人の数に / 〜をお願いする / ビニール袋を	表現ツール5 「増減」を述べる
増加がある / 客の数に / 文句を言う / フロントデスクに	表現ツール5 「増減」を述べる
より少ない人が / 紙の辞書を使う / 以前より	表現ツール5 「増減」を述べる
今日 / より多くの人が / 自転車で職場に行く / 以前より	表現ツール5 「増減」を述べる
私は思う / より多くの子どもたちが / もう1つの外国語を学ぶ / 〜に加えて / 英語	表現ツール5 「増減」を述べる
最近 / より少ない人が / 野外活動を楽しむ / 以前より	表現ツール5 「増減」を述べる
〜だと言う専門家もいる / より多くの人が今は〜に興味がある / 自分の事業を始めることに	表現ツール5 「増減」を述べる
より難しい / 外国語を学び始めること / 年を取ってから	表現ツール6 「難しさ」を述べる
難しい / 外国人にとって / 箸を使うことは	表現ツール6 「難しさ」を述べる
難しい / 子どもにとって / 食べることは / 彼らが好きではない物を	表現ツール6 「難しさ」を述べる
〜する人もいる / 〜するのが難しい / 人と関わることが / 初めて会った	表現ツール6 「難しさ」を述べる

	ツール表現	例文
076	have a difficult [hard] time + 動詞 ing	Some children / have a hard time / taking classes/ they are not interested in .
077	have a difficult [hard] time + 動詞 ing	Some people / have difficulty / getting used to a new environment / in foreign countries.
078	find it difficult [hard] to 動詞の原形	People find it difficult to / pronounce each English word / clearly.
079	find it difficult [hard] to 動詞の原形	We find it difficult to / read people's minds / when exchanging text messages.
080	find it difficult [hard] to 動詞の原形	We find it difficult to / exercise / daily / while / we are busy working / every day.
081	One of the benefits of 〜 is	One benefit of the Interenet is that / it makes our communication smooth.
082	One of the benefits of 〜 is	One benefit of online lessons is that / students can take them / anywhere.
083	One of the benefits of 〜 is	One benefit of space exploration is that / it encourages international cooperation.
084	Moreover,	Moreover, / disposable chopsticks are / bad for the environment.
085	Moreover,	Moreover, / students can get help / by studying in a group.
086	Moreover,	Moreover, / there are not many women / in politics.
087	In general,	In general, / people are kinder / to people / they know.
088	In general,	In general, / people eat more / in winter / than in summer.
089	In general,	In general, / jobs in urban areas / pay better / than those in rural areas.
090	Generally speaking,	Generally speaking, / Japanese products are popular / overseas.

日本語	ポイント
～する子どももいる / ～するのが難しい / 授業を受けるのが / 彼らが興味がない	表現ツール6 「難しさ」を述べる
～する人もいる / ～するのが難しい / 新しい環境に慣れるのが / 外国で	表現ツール6 「難しさ」を述べる
人々は～することは難しいと思う / それぞれの英単語を発音する / はっきりと	表現ツール6 「難しさ」を述べる
私たちは～することは難しいと思う / 人の心を読む / テキストメッセージを交換しているとき	表現ツール6 「難しさ」を述べる
私たちは～することは難しいと思う / 運動する / 日々 / ～している最中に / 私たちが働くことで忙しくしている / 毎日	表現ツール6 「難しさ」を述べる
インターネットの利点の1つは～だ / 私たちのコミュニケーションをスムーズにする	表現ツール7 「1つ目のポイント」を述べる
オンラインレッスンの利点の1つは～だ / 学生がそれらを受講できる / どこでも	表現ツール7 「1つ目のポイント」を述べる
宇宙開発の利点の1つは～だ / それが国際協力を促す	表現ツール7 「1つ目のポイント」を述べる
その上 / 割りばしは / 環境に悪い	表現ツール8 「2つ目のポイント」を述べる
その上 / 生徒たちは助けを得ることができる / グループで勉強することで	表現ツール8 「2つ目のポイント」を述べる
その上 / 多くの女性がいない / 政界に	表現ツール8 「2つ目のポイント」を述べる
一般的に / 人々はより優しい / 人々に対して / 彼らが知っている	表現ツール9 「一般論」を述べる
一般的に / 人々はより多く食べる / 冬に / 夏よりも	表現ツール9 「一般論」を述べる
一般的に / 都市部の仕事は / より給料がいい / 田舎地域の仕事よりも	表現ツール9 「一般論」を述べる
一般的に / 日本製品は人気がある / 海外で	表現ツール9 「一般論」を述べる

ツール表現	例文
091 Generally speaking,	Generally speaking, / men are physically stronger / than women.
092 Generally speaking,	Generally speaking, / Japanese people are shy.
093 On the whole,	Voters in Japan are, / on the whole, / content.
094 On the whole,	Older people are, / on the whole, / conservative.
095 On the whole,	On the whole, / people prefer not to / spend much money on / something / they do not need.
096 It is commonly said that 主語＋動詞	It is commonly said that / children are resilient.
097 It is commonly said that 主語＋動詞	It is commonly said that / wealth does not necessarily / make people happy.
098 It is commonly said that 主語＋動詞	It is commonly said that / people reveal / their true character / in adversity.
099 be more likely to 動詞の原形	Smokers are more likely to / get various kinds of sickness.
100 be more likely to 動詞の原形	People who wish to stay healthy / are more likely to / walk to work.
101 be more likely to 動詞の原形	Drivers are more likely to / cause an accident / on snowy days.
102 It is more likely that 主語 ＋ 動詞	It is more likely that / this issue will cause / a heated discussion/ among the young.
103 It is more likely that 主語 ＋ 動詞	It is more likely that / travelers use smartphone apps / to get around.
104 It is more likely that 主語 ＋ 動詞	It is more likely that / students lose motivation / toward studying / if all the classes are conducted / online.
105 be less likely to 動詞の原形	Younger children are less likely to / have difficulty / learning a language.

「20の表現ツール」──例文277選

日本語	ポイント
一般的に / 男性は体力的により強い / 女性よりも	表現ツール9 「一般論」を述べる
一般的に / 日本人はシャイだ	表現ツール9 「一般論」を述べる
日本の有権者は / おおむね / 満足している	表現ツール9 「一般論」を述べる
年配の人は / おおむね / 保守的だ	表現ツール9 「一般論」を述べる
おおむね / 人は〜したくない / たくさんのお金を〜に使う / 何か / 彼らが必要ではない	表現ツール9 「一般論」を述べる
〜だと一般的に言われている / 子供たちは打たれ強い	表現ツール9 「一般論」を述べる
〜だと一般的に言われている / 富は必ずしも〜だというわけではない / 人を幸せにする	表現ツール9 「一般論」を述べる
〜だと一般的に言われている / 人は現す / 彼らの本当の性格を / 逆境で	表現ツール9 「一般論」を述べる
喫煙者は〜する可能性が高い / 様々な病気にかかる	表現ツール10 「可能性・傾向」を述べる
健康でいたいと願う人々は / 〜する可能性が高い / 徒歩で出勤する	表現ツール10 「可能性・傾向」を述べる
運転手は〜する可能性が高い / 事故を引き起こす / 雪の日に	表現ツール10 「可能性・傾向」を述べる
〜の可能性が高い / この問題は引き起こす / 熱い議論を / 若者たちの間で	表現ツール10 「可能性・傾向」を述べる
〜の可能性が高い / 旅行者はスマートフォーンアプリを使う / 移動するために	表現ツール10 「可能性・傾向」を述べる
〜の可能性が高い / 生徒たちがやるきを失う / 勉強に対する / もしすべての授業が行われたら / オンラインで	表現ツール10 「可能性・傾向」を述べる
年少の子どもたちは〜する可能性が低い / 〜するのに苦労する / 言語を学ぶ	表現ツール10 「可能性・傾向」を述べる

	ツール表現	例文
106	be less likely to 動詞の原形	Major crimes are less likely to / be committed / in Japan.
107	be less likely to 動詞の原形	Japanese products are less likely to / break down.
108	It is less likely that 主語 + 動詞	It is less likely that / most money / we donate / reaches the people / in need.
109	It is less likely that 主語 + 動詞	It is less likely that / we will face the same problem / in the future.
110	It is less likely that 主語 + 動詞	It is less likely that / inland areas receive / enough precipitation / to grow crops.
111	tend to 動詞の原形	Japanese people / tend to / take peace for granted.
112	tend to 動詞の原形	Those who do not get / enough sunlight / tend to / get sick.
113	tend to 動詞の原形	Children tend to / ask many questions.
114	in the past	Children in the past / spend more time / playing outside.
115	in the past	Young people in the past / enjoyed / their tight-knitted community.
116	in the past	Young people in the past / aspired to / own a car.
117	Today,	Today, / many people are concerned about / global warming.
118	Today,	Today, / many people go to gyms / to exercise / after work / every day.
119	Today,	Today, / many foreign visitors / come to Japan / on vacation.
120	Nowadays,	Nowadays, / there are fewer public places / where smoking is allowed / in Japan.

日本語	ポイント
重大犯罪は〜する可能性が低い / 犯される / 日本では	表現ツール10 「可能性・傾向」を述べる
日本製品は〜する可能性が低い / 壊れる	表現ツール10 「可能性・傾向」を述べる
〜する可能性は低い / ほとんどのお金 / 私たちが寄付する / 人々に届く / 必要としている	表現ツール10 「可能性・傾向」を述べる
〜する可能性は低い / 私たちは同じ問題に直面するだろう / この先	表現ツール10 「可能性・傾向」を述べる
〜する可能性は低い / 内陸地は受け取る / 十分な降水量を / 作物を育てるのに	表現ツール10 「可能性・傾向」を述べる
日本人は / 〜する傾向にある / 平和を当たり前のことと思う	表現ツール10 「可能性・傾向」を述べる
〜を得ない人 / 十分な日光を / 〜する傾向にある / 病気になる	表現ツール10 「可能性・傾向」を述べる
子どもたちは〜する傾向にある / たくさんの質問をする	表現ツール10 「可能性・傾向」を述べる
昔の子どもたちは / より多くの時間を過ごした / 外で遊んで	表現ツール11 「過去との違い」を述べる
昔の若者は / 享受していた / 結束の固いコミュニティーを	表現ツール11 「過去との違い」を述べる
昔の若者は / 〜することにあこがれた / 車を所有する	表現ツール11 「過去との違い」を述べる
今日 / 多くの人が〜について心配している / 地球温暖化	表現ツール11 「過去との違い」を述べる
今日 / 多くの人がジムに行く / 運動をしに / 仕事の後に / 毎日	表現ツール11 「過去との違い」を述べる
今日 / 多くの外国人訪問者が / 日本に来る / 休暇で	表現ツール11 「過去との違い」を述べる
近頃では / 公共の場所が減っている / 喫煙が許される / 日本では	表現ツール11 「過去との違い」を述べる

ツール表現	例文
121 Nowadays,	Nowadays, / people use reusable bags / when they go shopping.
122 Nowadays,	Nowadays, / many people are getting more concerned about / their health.
123 These days,	These days, / many people prefer to / watch movies / at home/ rather than / at the theater.
124 These days,	These days, / children bring their smartphones / to school.
125 These days,	These days, / people stay at home / and enjoy indoor activities / with their family.
126 used to	People used to ride a horse / to travel a long distance.
127 used to	Many people used to smoke / in the past, / but now / fewer people do.
128 used to	People used to write New Year's cards / to greet each other.
129 名詞 which 動詞	There are many household appliances / which are connected to the Internet.
130 名詞 which 動詞	A car / which can drive itself / is called / a driveless car.
131 名詞 which 動詞	We should dismantle / old buildings / which are no longer used.
132 名詞 which 動詞	There are many vacant houses / which were abandoned.
133 名詞 which 動詞	Libraries have old books / which are not available / electronically.
134 名詞 which 主語＋動詞	Many people buy bicycles / which they can disassemble / easily.
135 名詞 which 主語＋動詞	Some people /offer free tours / of old houses / which they consider community assets.

「20の表現ツール」──例文277選

日本語	ポイント
近頃では / 人は再利用可能な袋を使う / 買い物に行く時に	表現ツール11 「過去との違い」を述べる
近頃では / 多くの人は〜について心配してきている / 自分の健康	表現ツール11 「過去との違い」を述べる
最近では / 多くの人が〜することを好む / 映画を観る / 家で / 〜よりむしろ / 映画館で(観るよりも)	表現ツール11 「過去との違い」を述べる
最近では / 子供たちは自分のスマホを持って来る / 学校に	表現ツール11 「過去との違い」を述べる
最近では / 人々は家にいる / そして屋内活動を楽しむ / 家族と一緒に	表現ツール11 「過去との違い」を述べる
人々は以前は馬に乗ったものだ / 長距離を移動するために	表現ツール11 「過去との違い」を述べる
多くの人は(以前は)たばこを吸ったものだ / 昔は / しかし今は / そうする人の数は少ない	表現ツール11 「過去との違い」を述べる
人々は以前は年賀状を書いたものだ / お互いに挨拶するために	表現ツール11 「過去との違い」を述べる
沢山の家電がある / インターネットにつながっている	表現ツール12 「関係詞」を使って名詞を説明する
車 / 自分自身を運転できる / 呼ばれる / ドライバーがいない車(自動運転車)と	表現ツール12 「関係詞」を使って名詞を説明する
私たちは取り壊すべきだ / 古い建物を / 今や使われていない	表現ツール12 「関係詞」を使って名詞を説明する
多くの空き家がある / 放置された	表現ツール12 「関係詞」を使って名詞を説明する
図書館には古い本がある / 手に入らない / 電子では	表現ツール12 「関係詞」を使って名詞を説明する
多くの人は自転車を買う / 分解できる / 簡単に	表現ツール12 「関係詞」を使って名詞を説明する
〜する人もいる / 無料のツアーを提供する / 古い家の / 自分たちが地域の財産だと思う	表現ツール12 「関係詞」を使って名詞を説明する

ツール表現	例文
136 名詞 which 主語＋動詞	We need to devise / an environmental policy / on which most of us can agree.
137 名詞 which 主語＋動詞	Public libraries should have computers / which local people can use / freely.
138 名詞 which 主語＋動詞	Some schools / provide free lunch / which has a lot of nutrition.
139 名詞 who 動詞	People who want to master / a foreign language /should study abroad.
140 名詞 who 動詞	Some NPOs / offer programs / to children/ who cannot attend regular school.
141 名詞 who 動詞	There are many high school students / who wish to attend college.
142 名詞 who 動詞	Many teachers / who overwork / get sick / and quit their job.
143 名詞 who 動詞	Politicians are / those who make laws.
144 名詞 who 主語＋動詞	Teachers / who students consider great / are not necessarily popular / among their parents.
145 名詞 who 主語＋動詞	We should not reveal / our personal information / to those we do not know.
146 名詞 who 主語＋動詞	Students share their feelings / with those who they consider their friends.
147 名詞 who 主語＋動詞	Companies should inform / all the candidates / who they interviewed / of their interveiw results.
148 名詞 who 主語＋動詞	We should cherish / a relationship with / all the people / who we encounter / in our life.
149 名詞 where 主語＋動詞	Schools should be a place / where students feel safe.
150 名詞 where 主語＋動詞	We should not take animals / from their habitats / where they belong.

日本語	ポイント
私たちは考案する必要がある / 環境政策を / 私たちのほとんどが同意できる	表現ツール12 「関係詞」を使って名詞を説明する
公共の図書館は備えるべきだ / パソコンを / 地元の人が使える / 自由に	表現ツール12 「関係詞」を使って名詞を説明する
～する学校もある / 無料の昼食を提供する / 栄養豊富な	表現ツール12 「関係詞」を使って名詞を説明する
～をマスターしたい人 / 外国語を / 留学するべきだ	表現ツール12 「関係詞」を使って名詞を説明する
～するNPOもある / プログラムを提供する / 子供たちに / 普通の学校に通えない	表現ツール12 「関係詞」を使って名詞を説明する
多くの高校生がいる / 大学に行きたい	表現ツール12 「関係詞」を使って名詞を説明する
多くの先生 / 働きすぎる / 病気になり / そして仕事を辞める	表現ツール12 「関係詞」を使って名詞を説明する
政治家は / 法律を作る人だ	表現ツール12 「関係詞」を使って名詞を説明する
先生は / 生徒が素晴らしいと思う / 必ずしも人気があるわけではない / 生徒の親の間で	表現ツール12 「関係詞」を使って名詞を説明する
私たちは明らかにするべきではない / 私たちの個人情報を / 私たちが知らない人に対し	表現ツール12 「関係詞」を使って名詞を説明する
学生は彼らの感情を共有する / 彼らが友達とみなす人と	表現ツール12 「関係詞」を使って名詞を説明する
企業は伝えるべきだ / すべての応募者に / 企業が面接をした / 彼らの面接結果を	表現ツール12 「関係詞」を使って名詞を説明する
私たちは大切にすべきだ / ～との関係を / すべての人々との / 私たちが出会う / 人生で	表現ツール12 「関係詞」を使って名詞を説明する
学校は場所であるべきだ / 学生が安全と感じる	表現ツール12 「関係詞」を使って名詞を説明する
私たちは動物を取り上げるべきではない / 生息地から / 彼らが所属する	表現ツール12 「関係詞」を使って名詞を説明する

ツール表現	例文
151 名詞 where 主語＋動詞	Many cities keep houses / where famous people were born / and grew up.
152 名詞 where 主語＋動詞	People usually feel an attachment to / the place / where they grew up.
153 名詞 where 主語＋動詞	Tokyo is the city / where many headquarters are located.
154 名詞 when 主語＋動詞	Nobody can forget / the day / when the earthquake happened.
155 名詞 when 主語＋動詞	The 1990s was the decade / when Asian economies crumbled.
156 名詞 when 主語＋動詞	The year / when the Asian economic crisis occurred / was 1997.
157 名詞 when 主語＋動詞	June is the month / when we have a lot of rain / in Japan.
158 名詞 when 主語＋動詞	People tend to remember / the day / when they accomplished / something meaningful.
159 In summary,	In summary, / we are never too old to / start anything.
160 In summary,	In summary, / public safety should be the priority / of the government.
161 In summary,	In summary, / more needs to be done / to protect the environment.
162 In summary,	In summary, / children should focus on / learning their own native language.
163 In summary,	In summary, / more Japanese athletes will go overseas / to play in foreign teams.
164 by ～ing, 主語＋動詞	By playing outside, / children can exercise.
165 by ～ing, 主語＋動詞	By leaving work early, / teachers can take care of / their families.

「20の表現ツール」──例文277選

日本語	ポイント
多くの都市が家を保存する / 有名な人が生まれ / そして育った	表現ツール12 「関係詞」を使って名詞を説明する
人々は通常〜に対して愛着を感じる / 場所に / 彼らが育った	表現ツール12 「関係詞」を使って名詞を説明する
東京は都市だ / 多くの(団体の)本社がある	表現ツール12 「関係詞」を使って名詞を説明する
誰も忘れることができない / 日を / 地震が発生した	表現ツール12 「関係詞」を使って名詞を説明する
1990年代は10年だった / アジア経済が崩壊した	表現ツール12 「関係詞」を使って名詞を説明する
年 / アジア経済危機が起こった / 1997だった	表現ツール12 「関係詞」を使って名詞を説明する
6月は月です / 雨が多い / 日本で	表現ツール12 「関係詞」を使って名詞を説明する
人々は覚えている傾向にある / 日を / 彼らが達成した / 意味のあることを	表現ツール12 「関係詞」を使って名詞を説明する
結論として / 私たちは決して〜するには遅すぎることはない / 何かを始める	表現ツール13 「結論」を述べる
結論として / 公共の安全は優先事項であるべきだ / 政府の	表現ツール13 「結論」を述べる
結論として / より多くのことがされるべきだ / 環境を守るために	表現ツール13 「結論」を述べる
結論として / 子どもたちは〜に集中すべきだ / 自分たちの母国語を習得すること	表現ツール13 「結論」を述べる
結論として / より多くの日本人アスリートが海外に行くだろう / 海外のチームでプレーするために	表現ツール13 「結論」を述べる
外で遊ぶことにより / 子供たちは運動できる	表現ツール14 「原因と結果」を表す
職場を早く出ることにより / 先生たちは〜の世話をできる / 彼らの家族	表現ツール14 「原因と結果」を表す

	ツール表現	例文
166	by 〜ing, 主語＋動詞	Students will have a better grasp of / the world / by learning science.
167	by 〜ing, 主語＋動詞	Companies can reduce / their expenditures / by allowing employees to / work from home.
168	by 〜ing, 主語＋動詞	The cabinet can increase / its approval rate / by reducing taxes.
169	主語＋動詞, and in this way, 主語＋動詞	We should create / a national DNA data bank, / and in this way, / we can quickly apprehend suspects.
170	主語＋動詞, and in this way, 主語＋動詞	Traffic should be regulated / in city centers, / and in this way, / we can prevent traffic jams.
171	主語＋動詞, and in this way, 主語＋動詞	Many schools have students bring tablet computers, / and in this way,/ they reduce / paper consumption.
172	主語＋動詞, and in this way, 主語＋動詞	Many people exercise / regularly, / and in this way, / they try to / stay healthy.
173	主語＋動詞, and in this way, 主語＋動詞	Some museums / offer online tours, / and in this way, / they allow people around the world to / enjoy arts.
174	主語＋動詞, and this will 変化を表す動詞	They will have to import / more raw materials, / and this will increase / the production costs.
175	主語＋動詞, and this will 変化を表す動詞	Teachers will have more time / to prepare for classes, / and this will improve / the quality of education.
176	主語＋動詞, and this will 変化を表す動詞	Students will have less stress, / and this will positively affect / their school performance.
177	主語＋動詞, and this will 変化を表す動詞	The new law will bring / more immigrants,/ and this will increase / the tax base.
178	主語＋動詞, and this will 変化を表す動詞	Drones will be used / in agriculture, / and this will improve / labor conditions / at some farms.
179	名詞 lead(s) to 名詞	Students can interact with / people from various countries, / and it will lead to / a better understanding of / other cultures / among them.
180	名詞 lead(s) to 名詞	Factory jobs will be automated, / and this will lead to / an increase / in the unemployment rate.

日本語	ポイント
学生は〜をより理解できる / 世界 / 科学を学ぶことにより	表現ツール14 「原因と結果」を表す
会社は削減できる / 経費を / 従業員が〜することを許可することにより / 在宅勤務をする	表現ツール14 「原因と結果」を表す
内閣は上げることができる / 支持率を / 減税することによって	表現ツール14 「原因と結果」を表す
私たちは作るべきだ / 国のDNAバンクを / そしてこのようにして / 私たちは素早く容疑者を捕まえることができる	表現ツール14 「原因と結果」を表す
交通は規制されるべきだ / 都心では / そしてこのようにして / 私たちは交通渋滞を防ぐことができる	表現ツール14 「原因と結果」を表す
多くの学校が学生にタブレットコンピューターを持ってこさせる / そしてこのようにして / 学校は減らす / 紙の消費を	表現ツール14 「原因と結果」を表す
多くの人は運動をする / 定期的に / そしてこのようにして / 彼らは〜しようとする / 健康でいる	表現ツール14 「原因と結果」を表す
〜する博物館もある / オンラインツアーを提供する / そしてこのようにして / 彼らは世界中の人が〜することを可能にする / 芸術を楽しむ	表現ツール14 「原因と結果」を表す
彼らは輸入しなくてはならないだろう / より多くの原材料を / そしてこのことが増やすだろう / 生産コストを	表現ツール14 「原因と結果」を表す
先生はもっと多くの時間を持つだろう / 授業準備のための / そしてこのことが改善するだろう / 教育の質を	表現ツール14 「原因と結果」を表す
学生はストレスが減るだろう / そしてこのことがプラスの影響を与えるだろう / 学校の成績に	表現ツール14 「原因と結果」を表す
新しい法律はもたらすだろう / より多くの移民を / そしてこれが増やすだろう / 税基盤を	表現ツール14 「原因と結果」を表す
ドローンは使われるだろう / 農業で / そしてこのことが改善するだろう / 労働条件を / いくつかの農場で	表現ツール14 「原因と結果」を表す
生徒は〜と交流できる / 様々な国の人々と / そしてそれが〜につながるだろう / 〜のよりよい理解に / 他の文化の / 彼らの間で	表現ツール14 「原因と結果」を表す
工場の仕事は自動化されるだろう / そしてこのことが〜につながるだろう / 増加へと / 失業率における	表現ツール14 「原因と結果」を表す

ツール表現	例文
181 名詞 lead(s) to 名詞	Frequent interactions / among workers / will be encouraged, / and this will lead to / a better understanding of / each other.
182 名詞 lead(s) to 名詞	Political parties / will need to reveal / how they spend their money, / and this will lead to / increased trust in them / by the public.
183 名詞 lead(s) to 名詞	They will need to buy less / and save more, / and this will lead to / happiness.
184 as a result of 名詞	As a result of the recession, / many young people / cannot find / employment.
185 as a result of 名詞	Some students / might be left behind / as a result of a sudden change / in the curriculum.
186 as a result of 名詞	Our life has become more efficient / as a result of technological advancement.
187 as a result of 名詞	As a result of weakening community ties, / the crime rate has increased.
188 as a result of 名詞	Some people / suffered from depression / as a result of the pandemic.
189 thanks to 名詞	The financial situation / of some cities / improved / thanks to / increased tourists.
190 thanks to 名詞	Thanks to the Internet, / we can get / a lot of information / at once.
191 thanks to 名詞	We can do the shopping / from home / thanks to / the Internet.
192 thanks to 名詞	Agricultural production increased / thanks to / large-scale farming.
193 thanks to 名詞	Thanks to the quick response / by the government, / they were able to reduce the casualties.
194 「所有」「携帯」を表す with	People with a poorly functioning immune system / are advised to / stay in hospital.
195 「所有」「携帯」を表す with	People with common interests / tend to / feel close to / each other.

日本語	ポイント
頻繁な交流が / 労働者間の / 促されるだろう / そしてこのことが〜につながるだろう / 〜のよりよい理解に / お互いの	表現ツール14 「原因と結果」を表す
政党は / 明らかにしなくてはならなくなる / どのようにお金を使うのかを / そしてこのことが〜につながるだろう / 彼らへの信頼の高まりに / 世間による	表現ツール14 「原因と結果」を表す
彼らは買う必要が減るだろう / そしてより多くを貯蓄する / そしてこのことが〜につながるだろう / 幸福に	表現ツール14 「原因と結果」を表す
不況の結果 / 多くの若者が / 見つけることができない / 仕事を	表現ツール14 「原因と結果」を表す
〜する生徒もいるだろう / 取り残されるかもしれない / 急な変化の結果 / カリキュラムにおける	表現ツール14 「原因と結果」を表す
私たちの生活はより効率的になった / 技術革新の結果	表現ツール14 「原因と結果」を表す
弱まる地域のつながりの結果 / 犯罪率は増加した	表現ツール14 「原因と結果」を表す
〜する人もいる / うつに悩まされた / パンデミックの結果	表現ツール14 「原因と結果」を表す
財政状況 / いくつかの都市の / 改善した / 〜のおかげで / 増加した旅行者の	表現ツール14 「原因と結果」を表す
インターネットのおかげで / 私たちは得ることができる / 多くの情報を / 一度に	表現ツール14 「原因と結果」を表す
私たちは買い物できる / 家から / 〜のおかげで / インターネットの	表現ツール14 「原因と結果」を表す
農業生産高は増えた / 〜のおかげで / 大規模農業	表現ツール14 「原因と結果」を表す
素早い反応のおかげで / 政府による / 政府は死者を減らすことができた	表現ツール14 「原因と結果」を表す
免疫機能が低下している人は / 〜することを勧められる / 入院することを	表現ツール15 「前置詞」を使って名詞を説明する
共通の興味を持つ人たちは / 〜する傾向にある / 〜に対して親近感を感じる / お互い	表現ツール15 「前置詞」を使って名詞を説明する

	ツール表現	例文
196	「所有」「携帯」を表す with	People with allergies / have to be careful / in choosing / what to eat.
197	「所有」「携帯」を表す with	People with chronic health problems / should carry medicine / at all times / in case of emergency.
198	「所有」「携帯」を表す with	There are some casese where / people with dangerous things / are not allowed to / enter the building.
199	「出身」を表す from	This project can help you collaborate with / people from all over the country.
200	「出身」を表す from	People from various countries / are invited / to this conference / to discuss / some global issues.
201	「出身」を表す from	This event is designed for / people from different companies / to gather and discuss / the latest trend.
202	「出身」を表す from	Many people from East Asian countires / visit Japan / for sightseeing, / contributing to / the Japanese economy.
203	「出身」を表す from	A wide variety of foods from Japan / are now available / even in foreign countries.
204	「特徴」「性質」を表す of	This questionnaire / applies to / people of 50 years and above.
205	「特徴」「性質」を表す of	People / of any age, race, or gender / can participate in / this event.
206	「特徴」「性質」を表す of	I think / it's a good idea / for students / to interact with / people / of different ages.
207	「特徴」「性質」を表す of	People of different races and ethnicities / should all be treated / equally.
208	「特徴」「性質」を表す of	People of all ages / support this politician.
209	「状況」を表す in	We can help / people in need of help / by participating in / volunteer activities.
210	「状況」を表す in	People in a hurry / are most likely to / cause accidents/ while driving.

日本語	ポイント
アレルギーのある人たちは / 気を付けなければならならい / 選ぶ際 / 何を食べるかを	**表現ツール15** 「前置詞」を使って名詞を説明する
慢性的な健康上の問題を抱える人たちは / 薬を携帯するべきだ / いつ何時も / 緊急事態に備えて	**表現ツール15** 「前置詞」を使って名詞を説明する
～なケースがある / 危険な物をもった人が / ～することを許可されない / 建物に入る	**表現ツール15** 「前置詞」を使って名詞を説明する
このプロジェクトはあなたが～と共同作業する助けとなる / 国中の人々	**表現ツール15** 「前置詞」を使って名詞を説明する
様々な国の人々が / 招待される / この会議に / 話し合うために / いくつかの地球規模の問題を	**表現ツール15** 「前置詞」を使って名詞を説明する
このイベントは～のためにデザインされている / 様々な企業の人たちが / 集まり、話し合うために / 最新の動向を	**表現ツール15** 「前置詞」を使って名詞を説明する
東アジアの国の多くの人は / 日本を訪れる / 観光のために / そして～に貢献する / 日本経済に	**表現ツール15** 「前置詞」を使って名詞を説明する
日本の様々な種類の食べ物が / 今や手に入る / 外国でさえも	**表現ツール15** 「前置詞」を使って名詞を説明する
このアンケートは / ～に適応される / 50歳以上の人たちに	**表現ツール15** 「前置詞」を使って名詞を説明する
人々 / いかなる年齢、人種やジェンダーの / ～に参加することができる / このイベント	**表現ツール15** 「前置詞」を使って名詞を説明する
私は思う / それはいい考えだと / 学生にとって / 交流することは / 人々と / 様々な年齢の	**表現ツール15** 「前置詞」を使って名詞を説明する
人種や民族が違う人たちは / 扱われるべきだ / 平等に	**表現ツール15** 「前置詞」を使って名詞を説明する
すべての年齢の人たちは / この政治家を支持する	**表現ツール15** 「前置詞」を使って名詞を説明する
私たちは助けることができる / 助けを必要としている人たちを / ～に参加することで / ボランティア活動に	**表現ツール15** 「前置詞」を使って名詞を説明する
急いでいる人たちは / ～する可能性が高い / 事故を引き起こす / 運転中に	**表現ツール15** 「前置詞」を使って名詞を説明する

ツール表現	例文
211 「状況」を表す in	People find it difficult to / land a job / due to the recession.
212 「状況」を表す in	People in various fields / take turns / giving a presentation / on the same topic.
213 「状況」を表す in	According to the survey, / people in their twenties / are most dissatisfied with / their lives / for some reason.
214 This means that 主語＋動詞	This means that / more and more people will be able to have access to / clean water.
215 This means that 主語＋動詞	This means that / the quality of education / will improve / in the long run.
216 This means that 主語＋動詞	This means that / the increased number of abandoned houses / hurts the economy.
217 In other words, 主語＋動詞	In other words, / people are not willing to / pay taxes.
218 In other words, 主語＋動詞	In other words, / volunteer activities help students / get a job.
219 In other words, 主語＋動詞	In other wrods, / working long hours / can be harmful to / the overall health of / the economy.
220 名詞, 名詞（句）,	Aspirin, / a headache medicine, / can help broaden / blood vessels.
221 名詞, 名詞（句）,	Kyoto, / a traditional city in Japan, / attracts a lot of foreign tourists / every year.
222 名詞, 名詞（句）,	Jogging, / one of the most popular sports, / can increase / the risk of knee injuries.
223 , that is (to say),	Post-secondary education, / that is, / education after high school, / is getting more popular.
224 , that is (to say),	Many Japanese people, / that is, / people with Japanese citizenship, / live in Japan.
225 , that is (to say),	People wear a mask, / that is, / a type of face covering, / in public places.

「20の表現ツール」──例文277選

日本語	ポイント
人々は〜することは難しいと思う / 仕事を得る / 不況のせいで	**表現ツール15** 「前置詞」を使って名詞を説明する
様々な分野の人が / 順番にする / プレゼンテーションを / 同じトピックについて	**表現ツール15** 「前置詞」を使って名詞を説明する
調査によると / 20代の人は / 一番〜に満足している / 自分の人生 / なぜか	**表現ツール15** 「前置詞」を使って名詞を説明する
これは〜を意味する / より多くの人が〜にアクセスできるようになる / 綺麗な水に	**表現ツール16** 「言い換え」をする
これは〜を意味する / 教育の質が / 改善するだろう / 長期的には	**表現ツール16** 「言い換え」をする
これは〜を意味する / 増えた廃墟の数は / 景気を悪くする	**表現ツール16** 「言い換え」をする
言い換えれば / 人々は喜んで〜しない / 税金を払う	**表現ツール16** 「言い換え」をする
言い換えれば / ボランティア活動は生徒が〜する助けとなる / 仕事を得る	**表現ツール16** 「言い換え」をする
言い換えれば / 長時間働くことは / 〜に害を与える可能性がある / 経済全体の健全性に	**表現ツール16** 「言い換え」をする
アスピリンは / 頭痛薬であるが / 広げる助けをしてくれる / 血管を	**表現ツール16** 「言い換え」をする
京都は / 日本の伝統的な都市だが / 多くの外国人観光客を引き付ける / 毎年	**表現ツール16** 「言い換え」をする
ジョギングは / 一番人気のスポーツの1つだが / 増加させる可能性がある / 膝の怪我のリスクを	**表現ツール16** 「言い換え」をする
中等教育後の教育 / つまり / 高校以降の高等教育は / ますます人気になってきている	**表現ツール16** 「言い換え」をする
多くの日本人 / つまり / 日本の市民権を持っている人たちは / 日本に住んでいる	**表現ツール16** 「言い換え」をする
人々はマスクをつける / つまり / 一種の顔を覆う物を / 公共の場で	**表現ツール16** 「言い換え」をする

	ツール表現	例文
226	while	Some people / prefer to work / in the office, / while / others like working / from home.
227	while	The number of students / is declining, / while / the number of approved universities / is increasing.
228	while	The world is getting more globalized, / while / it is becoming more and more diverse.
229	while	Some people / prefer conformity, / while / others seek novelty.
230	while	Hurricanes are known / by different names / around the world. / In Japan, / they are typhoons, / while / Australians call them / cyclones.
231	whereas	The old system / was complicated, / whereas / the new one / is straightforward.
232	whereas	People are very individualistic / in most western countries, / whereas / in Japan/ people are more intersted in / social harmony.
233	whereas	A sparrow / has more bones / in its neck / despite its small size, / whereas / a giraffe only has seven.
234	whereas	The color black / absorbs heat, / whereas / white reflects it.
235	whereas	Whereas most substances shrink / when they are cooled, / water expands.
236	on the other hand,	It seems like a great idea, / but on the other hand, / it costs a lot of money / to establish / this kind of facility.
237	on the other hand,	Mobile phones are very useful, / but on the other hand, / they can be very dangerous.
238	on the other hand,	We dispose of plastic bags / without recycling them. / On the other hand, / we reuse the eco-bags / repeatedly.
239	on the other hand,	The news media / has the right to report. / On the other hand, / individuals have / the right to privacy.
240	on the other hand,	Some people say / in elementary school, / girls are pretty mature / for their age, / but on the other hand, / boys are still childish.

日本語	ポイント
〜する人もいる / 働くことを好む / オフィスで / 一方で / 他の人たちは働くことを好む / 家から	表現ツール17 「対照・対比」を表す
学生数は / 減っている / 一方で / 認可された大学の数は / 増加している	表現ツール17 「対照・対比」を表す
世界はよりグローバル化してきている / 一方で / 世界はより多様化してきている。	表現ツール17 「対照・対比」を表す
〜する人もいる / 協調を好む / 一方で / 他の人は新しさを求める	表現ツール17 「対照・対比」を表す
ハリケーンは知られている / 違う名前で / 世界中で 日本では / それらは台風で / 一方で / オーストラリア人はそれらを呼ぶ / サイクロンと	表現ツール17 「対照・対比」を表す
古い制度は / 複雑だった / 一方で / 新しい制度は / 単純だ	表現ツール17 「対照・対比」を表す
人々はとても個人主義的だ / たいていの西洋諸国では / 一方で / 日本では / 人々はより〜に興味がある / 社会の調和に	表現ツール17 「対照・対比」を表す
すずめは / より多くの骨を持っている / 首に / 小さいサイズにかかわらず / 一方で / キリンは7本しかない	表現ツール17 「対照・対比」を表す
黒という色は / 熱を吸収する / 一方で / 白はそれを反射する	表現ツール17 「対照・対比」を表す
ほとんどの物質は収縮する一方で / 冷やされると / 水は膨張する	表現ツール17 「対照・対比」を表す
それはいい考えのように思える / しかし一方で / たくさんのお金がかかる / 〜を建設するには / このような施設を	表現ツール17 「対照・対比」を表す
携帯電話はとても便利だ / しかし一方で / それらはとても危険になり得る	表現ツール17 「対照・対比」を表す
私たちはビニール袋を捨てる / それらをリサイクルせずに. 一方で / 私たちはエコバッグを再利用している / 繰り返し	表現ツール17 「対照・対比」を表す
報道機関は / 報道する権利がある / 一方で / 個人は持っている / プライバシーの権利を	表現ツール17 「対照・対比」を表す
〜と言う人もいる / 小学校では / 女の子はとても大人びている / 年齢の割には / しかし一方で / 男の子はまだ子供っぽい	表現ツール17 「対照・対比」を表す

	ツール表現	例文
241	in [by] conctrast	An extrovert / likes to interact with people. In [By] contrast, / an introvert / doesn't like to / socialize.
242	in [by] conctrast	Young people in the past / dreamed of / having their own cars. In [By] contrast, / young people / today / are less interested in / driving.
243	in [by] conctrast	Children at that time / enjoyed outdoor activities. In [By] contrast, / children today / like using SNS / on their smartphones / at home.
244	in [by] conctrast	Last year, / many people / participateed in / this event. In [By] contrast , / we expect / a decrease / in its number / this year.
245	in [by] conctrast	Many young people / are interested in / the new product. In [By] contrast, / older people are not.
246	conversely	Some people / go to stores / to see the products / they are interested in. Conversely, / others purchase them / without hesitation / on the Internet.
247	conversely	This medicine / is said to work / very effectively. / Conversely, / some people / are concerned about / its side effects.
248	conversely	The new stadium / has good feedback / in many ways. / Conversely, / some people / are concened about / its maintenance cost.
249	conversely	Nuclear energy is clean / and good for the environment. / Conversely, / it is obvious that / it is not easy / to manage.
250	conversely	Rural areas / struggle to recruit doctors. / Conversely, /doctors are abundant / in big cities.
251	more 名詞	Most children / are interested in / studying abroad.
252	more 名詞	There are more companies / that are interested in / hiring people / with experience.
253	more 名詞	Most people / wear casual clothes / at work.
254	形容詞 -er/ more 形容詞＋名詞	This practice / will make crude oil more affordable.
255	形容詞 -er/ more 形容詞＋名詞	Studying / in a gorup / is more effective / than studying/ alone.

日本語	ポイント
外向的な人は / 人と関わるのが好きだ。 一方で / 内向的な人は / 〜するのが好きではない / 人と交流することが	表現ツール17 「対照・対比」を表す
以前の若者は / 〜することを夢見た / 自分の車を持つことを 一方で / 今日の若者は / 〜にあまり興味がない / 運転すること	表現ツール17 「対照・対比」を表す
当時の子どもたちは / 野外活動を楽しんだ 一方で / 今日の子どもたちは / SNSを使うことが好きだ / 彼らのスマホで / 家で	表現ツール17 「対照・対比」を表す
去年 / 多くの人たちは / 〜に参加した / このイベント 一方で / 私たちは期待する / 減少を / その数の / 今年	表現ツール17 「対照・対比」を表す
多くの若者は / 興味がある / その新しい製品に / 一方で / 年配者はそうではない。	表現ツール17 「対照・対比」を表す
〜する人もいる / 店に行く / 製品を見るために / 彼らが興味がある 一方で / 他の人はそれらを購入する / 躊躇せずに / インターネットで	表現ツール17 「対照・対比」を表す
この薬は / 機能すると言われている / とても効果的に 一方で / 〜する人もいる / 〜を心配する / その副作用を	表現ツール17 「対照・対比」を表す
新しいスタジアムは / よいフィードバックを得ている / 多くの点で 一方で / 〜する人もいる / 〜について心配している / その維持費を	表現ツール17 「対照・対比」を表す
原子力は綺麗で / 環境にいい 一方で / 〜ということは明らかだ / 原子力は簡単ではない / 管理するのが	表現ツール17 「対照・対比」を表す
田舎は / 医者を集めるのに苦労する 一方で / 医者は余っている / 大都市で	表現ツール17 「対照・対比」を表す
たいていの子供たちは / 〜に興味がある / 留学すること	表現ツール18 「比較表現」を使う
より多くの会社がある / 〜に興味がある / 人を雇うことに / 経験のある	表現ツール18 「比較表現」を使う
ほとんどの人は / カジュアルな服を着る / 職場で	表現ツール18 「比較表現」を使う
このやり方は / 原油をもっと手軽な価格にするだろう	表現ツール18 「比較表現」を使う
勉強すること / グループで / もっと効果的だ / 勉強することより / 一人で	表現ツール18 「比較表現」を使う

	ツール表現	例文
256	形容詞 -er/ more 形容詞＋名詞	This task / turned out to be easier / than expected.
257	動詞 more 副詞	Some people / can handle / stressful situations / better than others.
258	動詞 more 副詞	This skill / will help you negotiate / more tactfully / in the future.
259	動詞 more 副詞	Some prefer paper books / because / they can memorize the content / more easily.
260	not as 形容詞/ 副詞 as 〜	This skill / is not as valuable as / the organizational skill.
261	not as 形容詞/ 副詞 as 〜	Working long hours / is not considered / as virtuous as / it used to be.
262	not as 形容詞/ 副詞 as 〜	Making friends / later in your life / is not as easy as / when you are young.
263	the 比較級＋主語＋動詞, the 比較級＋主語＋動詞	The more you practice, / the better you will become at / something.
264	the 比較級＋主語＋動詞, the 比較級＋主語＋動詞	It does not mean that / the longer you sleep, / the better you will feel.
265	the 比較級＋主語＋動詞, the 比較級＋主語＋動詞	The higher your self-esteem is, / the more likely you will treat others / better.
266	動詞の現在分詞 + 名詞	It is hard / to accept that / you could not produce / satisfying results.
267	動詞の現在分詞 + 名詞	It helps children / a lot / if they have / understanding parents.
268	動詞の現在分詞 + 名詞	We should omit / missing data / before we analyze it.
269	動詞の過去分詞 + 名詞	If the number of broken regulations is great, / it may be time to / revise them.
270	動詞の過去分詞 + 名詞	You should visit / recommended places / when you visit the city / for the first time.

日本語	ポイント
このタスクは / より簡単であることがわかった / 想定していたよりも	表現ツール18 「比較表現」を使う
〜する人もいる / 〜を扱うことができる / ストレスの多い状況を / 他の人より上手に	表現ツール18 「比較表現」を使う
このスキルは / あなたが交渉するのを助ける / より機転を効かせて / この先	表現ツール18 「比較表現」を使う
紙の本を好む人もいる / なぜなら / 彼らはその内容を覚えることができる / より簡単に	表現ツール18 「比較表現」を使う
このスキルは / 〜ほど価値がない / まとめる能力よりも	表現ツール18 「比較表現」を使う
長時間働くことは / みなされない / 〜ほど美徳とは / それがかつでそうであったほど	表現ツール18 「比較表現」を使う
友達を作ることは / 人生の後になって / 〜ほど簡単ではない / あなたか若い時	表現ツール18 「比較表現」を使う
練習すればするほど / 〜がうまくなる / 物事が	表現ツール18 「比較表現」を使う
〜ということではない / 眠れば眠るほど / 気分がよくなる	表現ツール18 「比較表現」を使う
自尊心が高ければ高いほど / あなたは他人を扱う可能性が高い / よりよく	表現ツール18 「比較表現」を使う
むずかしい / 〜ということを認めることは / あなたは出せなかった / 満足のいく結果を	表現ツール19 「分詞」を使って名詞を説明する
それは子供たちを助ける / とても / もし彼らが持っていたなら / 理解のある両親を	表現ツール19 「分詞」を使って名詞を説明する
私たちは省くべきだ / 欠落しているデータを / それを分析する前に	表現ツール19 「分詞」を使って名詞を説明する
もし破られる規制の数が多いのであれば / それは〜する時かもしれない / それらを改訂する	表現ツール19 「分詞」を使って名詞を説明する
あなたは訪れるべきだ / 勧められた場所を / 都市を訪れるときは / 初めて	表現ツール19 「分詞」を使って名詞を説明する

	ツール表現	例文
271	動詞の過去分詞 + 名詞	It is a common practice / to impose tariffs / on imported goods.
272	Examples of 名詞 include	Examples of household chores / include / cooking, doing dishes, and taking out the garbage.
273	Examples of 名詞 include	Examples of white lies / include / telling people / they look great / in new clothes / when they don't.
274	Examples of 名詞 include	Examples of developed countries / include/ the U.S., Canada, and Japan.
275	名詞 such as 名詞	Root vegetables / such as carrots / are highly nutritious.
276	名詞 such as 名詞	Cold colors / such as blue / lower appetite.
277	名詞 such as 名詞	Marine sports / such as water skiing / are often dangerous.

日本語	ポイント
それはよくあるやり方だ / 関税を課すこと / 輸入品に	**表現ツール19** 「分詞」を使って名詞を説明する
家事の例は / 〜を含む / 料理すること、皿を洗うこと、ゴミを出すことを	**表現ツール20** 「例」を挙げる
罪のない嘘の例は / 〜を含む / 人々に言うことを / その人たちが素晴らしく見える / 新しい服を着ていて / 彼らが(実際には)そうではない時に	**表現ツール20** 「例」を挙げる
先進国の例は / 〜を含む / アメリカ合衆国、カナダ、日本を	**表現ツール20** 「例」を挙げる
根菜 / 人参のような / とても栄養価が高い	**表現ツール20** 「例」を挙げる
寒色 / 青のような / 食欲を下げる	**表現ツール20** 「例」を挙げる
マリンスポーツ / ウォータースキーのような / しばしば危険です	**表現ツール20** 「例」を挙げる

[著者略歴]

花田七星 はなだ・ななほ

オハイオ州立大学政治学部博士号(Ph.D)。英検®1級、TOEIC®990点。TESOL
取得。英語学習認定コーチ。聖オラフ大学政治学部にて visiting assistant
professor として政治学と女性学を教えたのち、日本の英会話学校、大学、専
門学校で教える。現在、ECC国際外語専門学校専任講師。主な著書に『英語
の面接　直前5時間の技術』(アルク)、『英検®準1級 頻出度別問題集』(高橋書
店、『いきなりスコアアップ！TOEIC®テスト600点これだけ英単語』(日本経済
新聞出版社)などがある。

竹本晃 たけもと・あきら

関西外国語大学外国語学部卒業(在学中、アメリカの南フロリダ州立大学へ認
定留学)。英検®1級、TOEIC®990点。英語学習認定コーチ。民間の英会話学
校で指導、外資系出版社に勤務したのち、通信講座Z会の英文添削、英語能力
到達度指標CEFR-Jに基づく学習者の英語運用能力評価といった教育活動に従
事。現在、ECC国際外語専門学校専任講師。

20の表現ツールでゼロから書ける！
どんどん英語ライティング

bÿþÿ...

2023年4月6日　　第1刷発行

著者————————花田七星・竹本晃
発行者————————田尻勉
ナレーション(日本語)————花田水明
執筆協力————————鈴木千晴・山口孝行
装丁————————小沼宏之

発行者————————幻戯書房
　　　　　　　　　郵便番号101-0052
　　　　　　　　　東京都千代田区神田小川町3-12 岩崎ビル2階
　　　　　　　　　電話——03(5283)3934
　　　　　　　　　FAX——03(5283)3935
　　　　　　　　　URL——http://www.genki-shobou.co.jp/

印刷・製本————————丸井工文社